Peter Holenstein – Zum Beispiel Stefan

Kostenlose Exemplare dieses Buches können
bezogen werden bei:

EUROCARD/MasterCard
Aktion Drogenprävention
Postfach
8099 Zürich

Für Hanny und Micki

Alle Rechte vorbehalten. Kein Teil des Werkes darf in irgendeiner Form ohne schriftliche Genehmigung des Verlags und des Autors reproduziert oder unter Verwendung elektronischer Systeme verarbeitet, vervielfältigt oder kopiert werden.

Umschlaggestaltung: Cay Kim Nguyen, Reinach BL
Buchgrafik: Atelier Walter Fitzi, Zürich
Satz und Druck: CVB Buch + Druck, Zürich

Nicht für den Verkauf im Buchhandel bestimmte Lizenzausgabe für
EUROPAY (Switzerland) SA, CH-8304 Wallisellen
Herausgeber der Lizenzausgabe:
EUROPAY (Switzerland) SA, CH-8304 Wallisellen

Copyright © 1996 der Lizenzausgabe by EUROPAY (Switzerland) SA,
CH-8304 Wallisellen, und Peter Holenstein, I-21010 Brezzo di Bedero

Die gleichnamige Originalausgabe ist erschienen im
H&H Verlag, CH-8926 Kappel am Albis
ISBN 3-9520578-0-0

Peter Holenstein

Zum Beispiel Stefan

Stationen einer Drogensucht

Aktion Drogenprävention

Vorwort des Herausgebers

«Wenn dieses Buch mithelfen kann, auch nur einen einzigen jungen Menschen vom Einstieg in die Drogensucht abzuhalten», sagt Albert Amann, der Vater von Stefan, dessen Lebens- und Leidensgeschichte hier vorliegt, «oder wenn dadurch auch nur ein einziges Elternpaar veranlaßt wird, in seiner Verzweiflung und Ratlosigkeit nicht dieselben Fehler zu begehen, die meine Frau und ich vielleicht gemacht haben, dann hat dieses Buch nicht nur seinen Zweck erfüllt, sondern nachträglich vielleicht auch Stefans Tod einen Sinn erhalten.»
Eindrückliche Worte eines Vaters, der weiß, wovon er spricht; eine Aussage aber auch, die EUROCARD/MasterCard motiviert hat, das Buch von Peter Holenstein in einer Sonderauflage herauszugeben, das kostenlos an alle Interessierten abgegeben wird (solange Vorrat). Lehrerinnen und Lehrer können auch ganze Klassensätze anfordern.
«Zum Beispiel Stefan» ist ein engagiert geschriebenes und erschütternd zu lesendes Dokument, das keinen Hehl daraus macht, daß der harte Drogenkonsum nicht nur eine Einbahnstraße, sondern auch eine Sackgasse mit meist tödlichem Ausgang darstellt. Minutiös beschreibt der Autor die authentische Lebensgeschichte des heroinabhängigen Stefan Amann, der im Alter von 25 Jahren in Zürich an seiner Sucht gestorben ist; ein ergreifendes Dokument eines kurzen Lebens, das in zahlreichen Gesprächen mit den Eltern, Freunden, Lehrern, Jugendanwälten und Arbeitgebern von Stefan nachgezeichnet wird und beispielhaft die Grundzüge der Erziehung, die erschütternde Hilf- und Machtlosigkeit der Eltern sowie den Weg in die tödliche Heroinabhängigkeit aufzeigt.
Vielleicht mag es für einige Leserinnen und Leser ein ungewöhnlicher Schritt sein, daß ein Dienstleistungsunternehmen wie EUROCARD/MasterCard sich zur Herausgabe und kostenlosen Abgabe dieses Buches entschlossen hat. Doch wir meinen: Die Auseinandersetzung mit der Drogenproblematik,

die auch in der Schweiz ein erschreckendes Ausmaß angenommen hat, kann gerade einem in breiten Schichten der Bevölkerung verankerten Unternehmen nicht gleichgültig sein. Vielmehr sind wir der Überzeugung, daß auch die Wirtschaft im Rahmen ihrer Möglichkeiten einen Beitrag zur Bewältigung des Drogenproblems leisten kann und sollte.

Als Teilnehmer des «Gesprächskreis Wirtschaftsführer und Drogenpolitik» habe ich die Idee einer aktiven Drogenunterstützung aufgenommen. Mit der Herausgabe des vorliegenden Buches engagieren wir uns als erstes Unternehmen in der Schweiz und leisten einen konkreten Beitrag zur Drogenprävention. Das Buch gehört bei Jugendlichen wie Erwachsenen seit Jahren zu den meistgelesenen Drogenbüchern in unserem Land. Es wird von Suchtexperten, Drogenberatungsstellen, Lehrern und Sozialarbeitern empfohlen und seit seinem erstmaligen Erscheinen auch immer wieder in Schulklassen behandelt.

Wir hoffen, dass wir mit der kostenlosen Abgabe einen kleinen Beitrag zur Drogenprävention leisten können. Eine aktive Information über den Drogenmißbrauch gehört zu den wichtigsten Voraussetzungen zu deren Bekämpfung.

Der Autor, Peter Holenstein, hat unsere EUROCARD/MasterCard-Aktion Drogenprävention von allem Anfang an unterstützt. Dafür, daß er uns die Abdrucksrechte seines Buches zugunsten unserer Aktion Drogenprävention honorarfrei überlassen hat, sind wir ihm und dem H&H Verlag, Kappel am Albis, in dem die im Buchhandel erhältliche Ausgabe erschienen ist, zu Dank verpflichtet.

EUROCARD/MasterCard

Hans J. Willi
Mitglied der Geschäftsleitung

Inhalt

Drogen-Jargon 9
Vorwort 10
Aus der Drogenstatistik der Zürcher Stadt-
und Kantonspolizei 15
Aus der gesamtschweizerischen Drogenstatistik 18
Der numerierte Tod 21
Ein Mittwoch im Mai 27
Ein Kind ist im Weg 33
Der letzte Trip 36
Stefans Mutter 44
Stefans Vater 52
Der Jugendstreich 60
Die Bunker-Generation 70
Der Anfang vom Ende 75
Der Inhalt der Leere 79
Unter Strom 84
Die verpaßte Chance 91
Der Weg in die Sucht 95
Ein neuer Anlauf 100
Das Weihnachtsgeschenk 106
Aktenkundig 113
Lisa steigt aus 117
Die Entdeckung 120
Der Abschiedsbrief 126
Der Selbstmordversuch 128
Die süchtigen Jahre 130
Ein neuer Versuch 134
Die Erkenntnis 137
Zwischen Heu und Horse 139
Die Verhaftung 145
Beas Einstieg 147
Der Abstieg 149
Die letzten Monate 157

Die Haft	159
Der England-Trip	162
Der letzte Versuch	166
Endstation	168
Die zweite Verhaftung	171
Stefans Tod	176
Nachwort	182
Drogenberatungsstellen	186
Therapeutische Wohngemeinschaften	190

«When I die I'll go to heaven, because I've spent my time in hell!»* (Brian Jones)

(Stefans Lieblingsmusiker, der ehemalige Rolling-Stones-Gitarrist Brian Jones, ertrank am 3. Juli 1969, unter Drogeneinfluß stehend, im Swimmingpool seines Hauses in Hartfield/Sussex, England.)

*

«Es war einmal ein kleines Menschlein, das sehr allein durch ein großes Menschenmeer irrte. Es wurde nirgends richtig verstanden. Es wußte schon, weshalb es das große Glück nicht fand, aber wo sollte es die Kraft hernehmen, alles das zu tun, was es braucht, um mitzuschwimmen, wenn es das Schwimmen doch nicht erlernt hat? Deshalb ist es ertrunken.»

(Aus einem Brief Stefans an seine Eltern, wenige Wochen vor seinem Tod.)

---

* «Wenn ich sterbe, werde ich in den Himmel kommen, denn ich habe mein Leben in der Hölle verbracht.»

Drogen-Jargon

Acid	engl.: Säure; steht für LSD
abreißen	eine Strafe verbüßen
Amphetamine	Aufputschmittel
Barbiturate	abhängigkeitsbildende Schlafmittel
Brown Sugar	Heroinart
Dealer	Drogenhändler
checken	mitmachen, erleben, prüfen
clean	drogenfrei
Dope	Gift, Drogen
Dorf	Kantonale Strafanstalt Regensdorf
Eisen	Spritze
fixen	eine Droge injizieren
flash	Hochgefühl nach Drogeneinnahme
Game	ein (Drogen-)Geschäft abschließen
Gras	Marihuana
H («eitsch»)	Heroin
Hablis	Haschisch
Heu	Marihuana
Horse	reines Heroin
Joint	Zigarette mit Haschisch/Marihuana
Junkey	Fixer
Loge	Wohnung, Wohngemeinschaft
Koks	Kokain
Pumpe	Spritze
Riviera	Zürcher Limmatquai
Speed	Aufputschmittel in Pillenform
Turkey	Drogenentzug
unter Strom stehen	unter Drogeneinwirkung stehen

Vorwort

Ich habe Stefan Amann persönlich nicht gekannt; ich habe ihn in seinem kurzen Leben nie gesehen und nie mit ihm gesprochen. Auf seine Geschichte bin ich zufällig aufmerksam geworden.

Während längerer Zeit suchte ich in der Zürcher Drogenszene ein Fallbeispiel, aufgrund dem ich den Weg eines jungen Menschen in die tödliche Heroinsucht dokumentarisch nachzeichnen konnte. Zahlreiche Gespräche, die ich zwecks dieses Vorhabens mit betroffenen Eltern verstorbener Drogenabhängigen führte, scheiterten jedoch. Die Betroffenen wollten nämlich – aus verständlichen Gründen – mit der traurigen, sie oft schwer belastenden Vergangenheit weder konfrontiert werden noch in die Öffentlichkeit gehen. Einige Väter und Mütter von Drogenopfern scheuten die Publizität aber auch deshalb, weil ich beabsichtigte, dem dokumentarischen Charakter des Buches zuliebe das zwischenmenschliche Beziehungsfeld des oder der Verstorbenen so umfassend wir möglich mit einzubeziehen.

Ich hatte die Absicht, ein solches Projekt überhaupt realisieren zu können, bereits aufgegeben, als ich von Stefan Amanns Tod hörte. Weil er – wenn auch weit entfernt – mit meiner Frau verwandt war, hatte sie aus Kreisen ihrer Familie Kenntnis von seinem Drogentod erhalten. Obwohl sie Stefan und seine Eltern seit Jahren nicht mehr gesehen hatte, nahm ich mit Inge und Albert Amann, die ich persönlich nicht kannte, Kontakt auf. Nach einigen längeren Gesprächen, in denen ich ihnen von meiner Absicht erzählte, ein Buch über den Weg eines jungen Menschen in die Drogensucht schreiben zu wollen, willigten sie schließlich ein, mir Rede und Antwort zu stehen.

Während zwei Jahren versuchte ich, durch Gespräche mit Stefans Eltern, seinen ehemaligen Freunden, Freundinnen, Bekannten, Verwandten, Lehrern, Arbeitgebern und anderen Bezugspersonen sein Leben und seinen Weg in die tödliche Sucht zu rekonstruieren. Daß anläßlich dieser Gespräche bei einigen befragten Personen, insbesondere bei Stefans Eltern, viele bereits verschlossen geglaubte Wunden wieder aufgerissen wurden, versteht sich von selbst.

Unerwartet sind aber auch einige Interviewte durch meine Arbeit an diesem Buch von ihrer eigenen Vergangenheit wieder eingeholt worden. Um so dankbarer bin ich allen, die mir bei der Arbeit an Stefans Lebensgeschichte geholfen haben. Neben seinen Eltern, Freundinnen und Freunden, Lehrern, Sportskollegen, Arbeitgebern und Ärzten gehört mein Dank auch Mitarbeitern der Zürcher Bezirks- und Jugendanwaltschaft sowie Walter Gehriger von der Stadtpolizei Zürich. Ohne die Unterstützung dieser Personen hätte dieses Buch nicht realisiert werden können.

Aus Gründen des Persönlichkeitsschutzes war es unumgänglich, einige Originalnamen und Ortsbezeichnungen in veränderter Form darzustellen. Einerseits, um Informanten aus der Drogenszene zu schützen, die aus naheliegenden Gründen anonym bleiben wollten, und andererseits, um jenen befragten Drogenabhängigen, die nach einem Entzug von der Spritze losgekommen sind, eine von der Vergangenheit unbelastete Zukunft zu ermöglichen.

«Wenn dein Buch mithelfen kann, auch nur einen einzigen jungen Menschen vom Einstieg in die Drogensucht abzuhalten», meinte Stefans Vater nach Abschluß meiner Recherchen, «oder wenn dadurch auch nur ein einziges betroffenes Elternpaar veranlaßt wird, in seiner Verzweiflung und Ratlosigkeit nicht dieselben Fehler zu begehen, die wir vielleicht gemacht haben, dann hat dein Buch nicht nur seinen Zweck erfüllt, sondern nachträglich vielleicht auch Stefans Tod einen Sinn erhalten.»

Wenngleich seit Stefans Drogentod über zehn Jahre vergangen sind, hat sich an der Aktualität seines Weges in die tödliche Sucht kaum etwas verändert. Was sich hingegen geradezu dramatisch verändert hat, ist jedoch die Drogenszene in der Schweiz.

Ob Kocherpark in Bern, Platzspitz und Bahnhof Letten in Zürich – die Entwicklung der Drogenszene hat im Laufe der letzten Jahre praktisch alle Prognosen übertroffen, die von Drogenexperten Ende der 70er Jahre gestellt worden sind. Um nur ein Beispiel zu nennen: Seit Stefans Tod im Jahre 1979 stieg die Zahl der jährlichen Drogentoten um über 400 Prozent.

Die Entwicklung der Drogenszene, der heute verfügbare Informationsstand dank der Massenmedien sowie die Bemühungen von Kantonen, Städten, Gemeinden, Schulen, Jugendorganisationen und anderen Institutionen um eine wirkungsvolle Drogenprophylaxe bei der jungen Generation wirft die Frage auf, ob sich zum Thema «Drogen und Drogenkonsum» überhaupt noch etwas Neues sagen läßt. Wissen wir nicht längst schon alles? Gibt es überhaupt noch Bereiche, die wir nicht kennen oder zu kennen glauben? Tatsache ist: Obwohl inzwischen kaum ein Tag vergeht, ohne daß in Zeitungen, am Radio oder Fernsehen von der Drogenproblematik die Rede wäre, haben wir in bezug auf unzählige Fragen, die von der Drogenproblematik aufgeworfen werden, keine oder nur unzureichende Antworten gefunden.

Die Drogenproblematik ist längst nicht mehr eine Erscheinung, die man nur in Großstädten trifft. Während der vergangenen Jahre hat sich das Drogenproblem wie ein Flächenbrand über das ganze Land ausgebreitet, mit dem Resultat, daß es heute kaum mehr eine Region oder ein Dorf gibt, vor dem die Drogenproblematik haltgemacht hätte.

Bereits in den 70er Jahren gab es Drogenfachleute, Ärzte, Sozialarbeiter und Medienschaffende, die vor der sich abzeichnenden Entwicklung gewarnt haben. Doch ihre Bedenken sind in den Wellen des nachmaligen Konsumbooms ungehört ertrunken. Das Drogenproblem, hörte man vielerorts, sei eine Erscheinung, die ohnehin nur Randgruppen betreffe. Kein Grund zur Panik, hieß die Devise, und wer anderslautende Vermutungen äußerte, musste damit rechnen, in der Kategorie der «Weltverbesserer» schubladisiert oder zumindest ungläubig belächelt zu werden.

In einem Vortrag über die Drogenproblematik, den ich im Jahre 1981 auf Einladung einer politischen Partei hielt, hatte ich gesagt: «Wenn wir, die wir die sogenannte Gesellschaft sind, der sich abzeichnenden Entwicklung beim harten Drogenkonsum weiterhin tatenlos zusehen, sollten wir uns nicht wundern, wenn wir in einigen Jahren auch in Schweizer Städten ‹amerikanische Zustände› haben.» Die meisten Zuhörerinnen und Zuhörer schüttelten verständnislos die Köpfe. «Es besteht überhaupt kein Anlaß zur Aufregung», versuchte der Parteipräsident die aufgebrachten Gemüter in der anschließenden Diskussionsrunde zu beruhigen. «Eine solche Entwicklung», prophezeite er, «werden wir frühzeitig durch unsere effiziente Drogenpolitik zu verhindern wissen...» Die «amerikanischen Zustände» haben wir inzwischen, und aus der «Tatenlosigkeit» ist längst eine ohnmächtige, beelendende Hilflosigkeit geworden. Und von einer «effizienten Drogenpolitik» ist außer der Worthülse, in die sie gerne eingepackt wird, kaum etwas zu spüren.

Außer den Drogenabhängigen, deren Familienangehörigen und jenen Menschen, die tagtäglich beruflich mit der Drogenszene konfrontiert sind, fragt sich heute kaum mehr jemand, weshalb das Haus brennt; vielmehr wird versucht, der Feuerwehr Ratschläge zu erteilen, wie und mit welchen Mitteln gelöscht werden sollte. In Politik und Gesellschaft überbietet man sich gegenseitig mit «Drogen-Konzepten» und vergißt dabei, daß schon lange vor dem Flächenbrand alles bekannt war: Wir alle haben gewußt, was auf uns zukommt, wir alle waren informiert, und wir alle haben zugehört. Aber wir haben dort nicht gehandelt, wo es darauf angekommen wäre.

Und so ist es bis auf den heutigen Tag geblieben: Wir versuchen verzweifelt, die Auswirkungen der Drogensucht zu bekämpfen – aber nicht die Ursachen, die zu ihr führen. Dabei wissen wir längst, daß niemand in unserer Gesellschaft grundlos oder selbstverschuldet drogensüchtig wird. Sucht ist immer eine Form von Flucht, und die Ursachen, die zu ihr führen, sind so vielfältig und individuell wie die

Lebensumstände und Probleme, denen Suchtkranke ausgesetzt sind. Sämtliche Suchtformen haben jedoch einen gemeinsamen Nenner: Ihre medizinischen, sozialen, gesellschaftlichen und fiskalischen Auswirkungen prägen unser Selbstverständnis und unsere persönliche Einstellung gegenüber den Drogen und gegenüber den Drogenabhängigen in einem weitaus größeren Ausmaß, als das viele von uns auf den ersten Blick wahrnehmen wollen. Das gilt insbesondere für die Zusammenhänge zwischen dem Konsum von legalen und illegalen Drogen. Solange diese Zusammenhänge nicht wahrgenommen und solange nicht die entsprechenden Konsequenzen daraus gezogen werden, wird wohl jede Drogenpolitik über kurz oder lang zum Scheitern verurteilt sein. Dabei versteht es sich von selbst, daß unter dem Begriff «Drogenpolitik» selbstverständlich immer nur der Umgang mit harten Drogen gemeint ist. Von der legalen Droge Alkohol, beispielsweise, redet im Zusammenhang mit dem Begriff Drogenpolitik kaum jemand. Daran ändert auch die Tatsache nichts, daß unser Drogenalltag nicht zur Hauptsache von den Heroin- oder Kokainabhängigen bestimmt wird. Geradezu scheinheilig wird nämlich übergangen, daß im Mittelpunkt unseres Drogenproblems nicht harte Rauschgifte wie Heroin oder Kokain stehen, sondern das mit Abstand verbreitetste und verheerendste Suchtmittel überhaupt: der Alkohol. Obwohl der Alkoholismus in der Schweiz längst das Ausmaß einer Massenepidemie angenommen hat, ist jedoch von einer solchen Betrachtungsweise nichts zu sehen. Und dies obwohl der Droge aus der Flasche allein in unserem Land rund eine Viertelmillion Menschen verfallen sind. «Vielleicht», so meinte unlängst der Hamburger Drogenexperte Manfred Pietschmann, «ist nicht zuletzt der Mangel an Logik ein wesentlicher Grund dafür, daß der Kampf gegen das Rauschgift in Staat und Familie nicht so sehr mit Fakten geführt wird als mit Glaubensbekenntnissen.»

Brezzo di Bedero, im Frühjahr 1994   Peter Holenstein

Aus der Drogenstatistik der Zürcher Stadt- und Kantonspolizei

Sichergestellte Drogen

Drogenart		1990	1991	1992	1993	1994
Marihuana/Haschisch	kg	140	133	94	111	173
Hanfpflanzen	Stk.	60	173	—	5	—
Haschisch-Öl	gr	686	18	1552	1110	2212
Opium	gr	7	10	32	223	1061
Heroin	kg	100,3	44,6	80,9	88,9	105,7
Morphin	gr	3	—	—	—	—
Kokain	kg	194	193	201	243,2	166,8
LSD	Dosen	46	73	296	526	315
Ecstasy	Dosen	—	—	—	—	2647
Andere Stimulantien	gr	12281	1	20	370	255

Die Betäubungsmittelszene wird nach wie vor von den Hauptdrogen Heroin, Kokain und Haschisch beherrscht. Neu in die Statistik ging 1994 erstmals die vornehmlich bei sogenannten Techno-Partys von Jugendlichen konsumierte Designerdroge Ecstasy ein, von der insgesamt 2647 Tabletten beschlagnahmt werden konnten. Eine Zunahme gegenüber dem Vorjahr war 1994 bei Heroin (plus 16,8 kg) sowie Haschisch (plus 62 kg) zu verzeichnen; Haschisch-Öl verzeichnete sogar eine Zunahme um rund 100 %. Während in derselben Vergleichsperiode die Sicherstellung von Kokain sowie LSD rückläufig waren, konnte beim Opium erstmals über 1 kg beschlagnahmt werden. Der weitaus größte Teil der Aufgriffe im Kanton Zürich erfolgte im internationalen Flughafen Zürich-Kloten.

Straftäter/Straftaten

	1990	1991	1992	1993	1994
Ermittelte Täter	3701	4900	5374	8878	7608
davon:					
wegen Handels	1537	1858	1844	2495	2165
wegen Schmuggels	207	195	198	190	164
wegen Konsums	3246	4197	4386	7449	6273
Fixer	2020	2919	3266	—	—

Die Zunahme bei den Straftätern im Jahre 1993 ist weitgehend auf die polizeilichen Bemühungen zur Bekämpfung der inzwischen aufgelösten offenen Drogenszene («Letten») in der Stadt Zürich zurückzuführen. Die starken Überschneidungen bei den Konsumenten und Händlern belegen die große Zahl der sogenannten Mischtäter, d.h. der Handel treibenden Süchtigen. Sowohl mit der Schließung der offenen Drogenszene in Zürich wie mit dem liberaleren Umgang mit Drogenabhängigen seitens der Behörden, hängt der (statistische) Rückgang der ermittelten Täter und die zur Anzeige gelangten Delikte ab.

Wegen Betäubungsmitteldelikten im Kanton Zürich ermittelte Straftäter (Total/Ausländer-/Asylanten-Anteile) in den Jahren 1988 bis 1994

Jahr	Straftäter insgesamt	davon Ausländer Anzahl	in %	Asylantenanteil an Ausländern Anzahl	in %
1988	3933	1229	31.2	54	4.4
1989	3901	1333	34.2	50	3.8
1990	3701	1435	38.8	91	6.3
1991	4900	2226	45.4	481	21.6
1992	5374	2527	47.0	675	26.7
1993	8878	3875	43.6	798	20.6
1994	7608	3446	45.3	236	6.8

Wegen Betäubungsmittel-Handel im Kanton Zürich ermittelte Straftäter (Total/Ausländer-/Asylanten-Anteile) in den Jahren 1988 bis 1994

Jahr	Straftäter insgesamt	davon Ausländer Anzahl	in %	Asylantenanteil an Ausländern Anzahl	in %
1988	1698	599	35.5	32	5.3
1989	1507	556	36.9	32	5.8
1990	1537	656	42.7	55	8.4
1991	1858	961	51.7	323	33.6
1992	1844	1167	63.3	516	44.3
1993	2495	1495	63.9	617	38.7
1994	2165	1520	70.2	165	10.9

Der Ausländeranteil der in den Betäubungsmitteldiensten von Kantons- und Stadtpolizei Zürich bearbeiteten Täter lag 1992 bei 93 Prozent. Auch 1994 und 1995 lag der Ausländeranteil über 90 Prozent. Der hohe Ausländeranteil, welcher den Beizug von Dolmetschern nötig macht, erschwert die ohnehin arbeitsintensiven und durch hohe Anforderungen an die Beweisführung gekennzeichneten Ermittlungen gegen Drogenhändler und -schmuggler zusätzlich.

Drogentote im Kanton Zürich

Jahr	Anzahl Stadt
1980	20
1981	34
1982	49
1983	55
1984	40
1985	51
1986	47
1987	51
1988	55
1989	70
1990	66
1991	116
1992	82
1993	94
1994	89
1995	87

Aus der gesamtschweizerischen Drogenstatistik

Sichergestellte Drogen

Drogenart		1991	1992
Marihuana/Haschisch	kg	69,1	2234,8
Hanfpflanzen	Stk.	2620	2331
Haschisch-Öl	gr	100	2100
Opium	gr	18	90
Heroin	kg	81	243,4
Morphin/Heroinbase	gr	42	515
Kokain	kg	333,4	329,9
LSD	Dosen	752	902
Crack	gr	1	1
Amphetamine	gr	25	1219
Methadon	Pillen	753	988
Ecstasy	Dosen	150	3365
Andere Stimulantien	Stk.	121 455	394 276

Drogentote

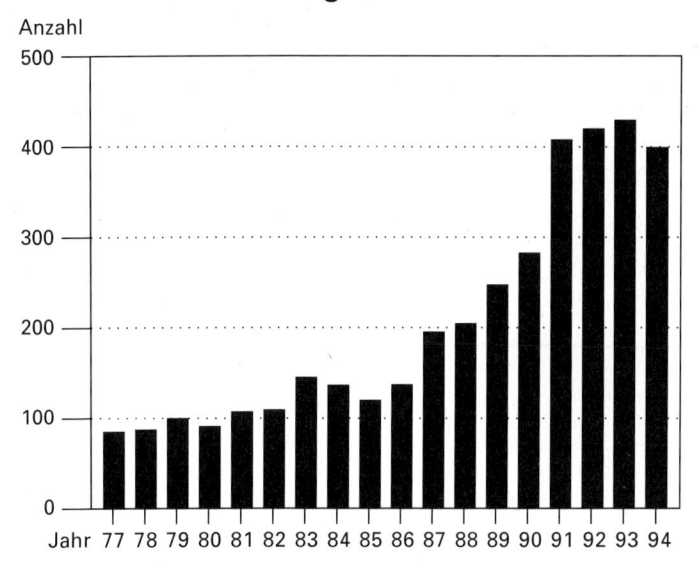

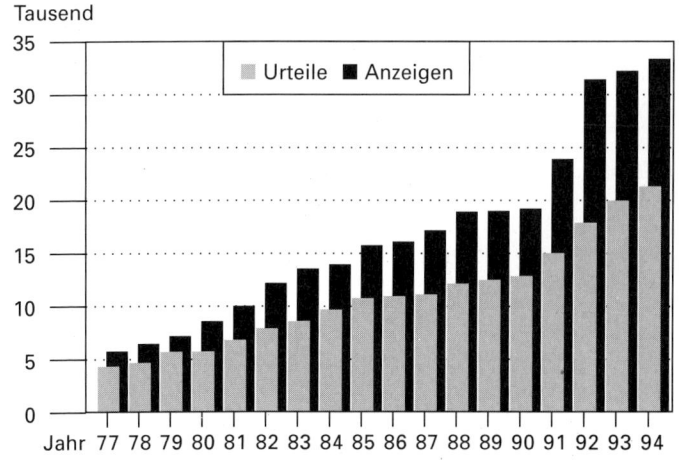

Anzeigen/Urteile

Beschaffungskriminalität

Aus der nachstehenden Tabelle ist der Anteil der (Betäubungsmittel-)Beschaffungsdelikte an den in den Jahren 1992, 1993 und 1994 geklärten Diebstahls- und Raubstraftaten ersichtlich.

Prozentanteil von Betäubungsmittel-Beschaffungsdelikten an geklärten Fällen nachstehender Straftaten 1992–1994

Straftatenart	1992	1993	1994
Kanton inkl. Stadt Zürich			
Einbruchdiebstahl	41	35	42
Fahrzeugdiebstahl	12	8	12
Entreißdiebstahl	77	56	84
Sonstiger Diebstahl	22	21	20
Raub	41	39	33
Nur Stadt Zürich			
Einbruchdiebstahl	55	46	53
Fahrzeugdiebstahl	10	7	9
Entreißdiebstahl	75	60	82
Sonstiger Diebstahl	27	25	22
Raub	44	46	26
Übriges Kantonsgebiet			
Einbruchdiebstahl	30	29	33
Fahrzeugdiebstahl	13	9	13
Entreißdiebstahl	83	52	87
Sonstiger Diebstahl	15	17	19
Raub	27	22	49

Der numerierte Tod

Im Jahre 1992 wurden im Kanton Zürich 82 Drogentote (14 Frauen und 68 Männer) registriert. Der Altersgruppe zwischen 20 und 30 Jahren gehörten 57 Verstorbene an (10 Frauen und 47 Männer). Beim jüngsten Opfer handelte es sich um einen 18jährigen Mann. 21 Drogentote hatten das 30. Altersjahr überschritten (19 Männer und 2 Frauen). 52 starben in der Stadt Zürich und 30 im übrigen Stadtgebiet. Gesamtschweizerisch verzeichnete die Statistik einen neuen Rekord: 419 Menschen starben zwischen Genf und Romanshorn den Drogentod (1991 waren es 405).
Bis zum 30. September 1993 zählte man in Stadt und Kanton Zürich bereits wieder 69 Todesopfer: 44 «außergewöhnliche Todesfälle infolge Drogensucht», wie es im nüchternen Amtsdeutsch heißt, waren auf Stadtgebiet zu verzeichnen, 25 weitere in anderen Zürcher Gemeinden. Die Zeitungsmeldungen, in denen über diese Todesfälle berichtet wurde, bestanden in der Regel nur aus wenigen Zeilen. Nicht von ungefähr: Die Todesfälle in der harten Drogenszene sind in den vergangenen Jahren so zahlreich geworden, daß sie in den «Unglücksfälle-und-Verbrechen»-Rubriken der gedruckten Medien beinahe alltäglich geworden sind. Und man hat sich bereits derart an die Eintönigkeit solcher Meldungen gewöhnt, daß die Drogentoten, über die es zu berichten gilt, praktisch nur noch numeriert werden. Dieses Vorgehen macht es der Leserschaft nicht nur leichter, über diese Schicksale hinwegzugehen, sondern hilft auch mit, die unbequeme Thematik schnellstmöglich aus dem Alltagsleben zu verdrängen. Daß sich hinter den Nummern unendliche Tragödien und Schicksale verbergen, Lebensläufe, deren Inhalt unsere Gesellschaft mitgeschrieben hat, läßt sich zwischen den Zeitungszeilen nur vermuten.
Und das sind sie, die 69 Menschen, die 1993 innerhalb von neun Monaten im Kanton Zürich in öffentlichen Toiletten,

auf den Geleisen des stillgelegten Bahnhofs «Letten», in Parkanlagen, in ihren Zimmern, Wohnungen oder auch mitten auf belebten Straßen den anonymen, numerierten Drogentod gestorben sind:

Nr. 1: René D. (25) aus Dürnten, gestorben am 1. Januar in Tann/Rüti. Todesursache: Methadon.
Nr. 2: Silvio K. (23) aus Zug, gestorben am 1. Januar in Zürich. Todesursache: Betäubungsmittel.
Nr. 3: Hanspeter S. (25) aus Schwerzenbach, gestorben am 2. Januar in Zürich. Todesursache: Heroin.
Nr. 4: Heidi G. (18) aus Brugg, gestorben am 5. Januar in Winterthur. Todesursache: Heroin.
Nr. 5: Karl A. (31) aus Elgg, gestorben am 5. Januar in Elgg. Todesursache: Heroin.
Nr. 6: Jean V. (35) aus Lenzburg, gestorben am 12. Januar in Winterthur. Todesursache: Betäubungsmittel.
Nr. 7: Susanne W. (28) aus Romanshorn, gestorben am 12. Januar in Zürich. Todesursache: Heroin.
Nr. 8: Peter F. (44) aus Winterthur, gestorben am 17. Januar in Winterthur. Todesursache: Heroin.
Nr. 9: Rudolf D. (33) aus Brugg, gestorben am 18. Januar in Zürich. Todesursache: Betäubungsmittel.
Nr. 10: Hans-Ulrich O. (26) aus Thun, gestorben am 21. Januar in Zürich. Todesursache: Heroin.
Nr. 11: Jürg Z. (29) aus Zürich, gestorben am 7. Februar in Zürich. Todesursache: Heroin/Kokain.
Nr. 12: Albert Sch. (46) aus Horgen, gestorben am 7. Februar in Horgen. Todesursache: Heroin/Alkohol.
Nr. 13: Berthold G. (19) aus Effretikon, gestorben am 9. Februar in Effretikon. Todesursache: Betäubungsmittel.
Nr. 14: Walter R. (40) aus Zürich, gestorben am 13. Februar in Zürich. Todesursache: Heroin.
Nr. 15: Felicitas E. (33) aus Liebefeld, gestorben am 10. März in Zürich. Todesursache: Heroin.

Nr. 16: *Charles T. (30) aus Zürich, gestorben am 18. März in Zürich. Todesursache: Betäubungsmittel.*
Nr. 17: *Fritz I. (25) aus Dübendorf, gestorben am 20. März in Dübendorf. Todesursache: Heroin.*
Nr. 18: *Dany P. (25) aus Winterthur, gestorben am 23. März in Winterthur. Todesursache: Medikamente/Betäubungsmittel/Alkohol.*
Nr. 19: *Olga A. (21) aus Zürich, gestorben am 30. März in Zürich. Todesursache: Heroin/Alkohol.*
Nr. 20: *Gustav Y. (28) aus Basel, gestorben am 31. März in Zürich. Todesursache: Heroin.*
Nr. 21: *Ludwig D. (20) aus Wolfhausen, gestorben am 2. April in Wolfhausen. Todesursache: Heroin.*
Nr. 22: *Jeannette W. (29) aus Zürich, gestorben am 4. April in Zürich. Todesursache: Methadon.*
Nr. 23: *Rita Z. (27) aus Zürich, gestorben am 15. April in Bubikon. Todesursache: Kokain.*
Nr. 24: *Claire S. (40) aus Zürich, gestorben am 23. April in Zürich. Todesursache: Kokain.*
Nr. 25: *Ute U. (30) aus Zürich, gestorben am 27. April in Zürich. Todesursache: Kokain.*
Nr. 26: *Sandro P. (25) aus Herrliberg, gestorben am 5. Mai in Herrliberg. Todesursache: Betäubungsmittel.*
Nr. 27: *Wolf C. (33) aus Brüttisellen, gestorben am 5. Mai in Zürich. Todesursache: Heroin.*
Nr. 28: *Mike U. (30) aus Zürich, gestorben am 13. Mai in Zürich. Todesursache: LSD.*
Nr. 29: *Chiko T. (31), ohne festen Wohnsitz, gestorben am 14. Mai in Zürich. Todesursache: Heroin.*
Nr. 30: *René K. (37) aus Rheinau, gestorben am 20. Mai in Zürich. Todesursache: Heroin/Kokain.*
Nr. 31: *Fritz V. (28) aus Steg im Tösstal, gestorben am 22. Mai in Steg im Tösstal. Todesursache: Heroin.*
Nr. 32: *François A. (28) aus Fully, gestorben am 22. Mai in Zürich. Todesursache: Heroin.*

Nr. 33: *Detlef U. (24) aus Oberndorf am Neckar (BRD), gestorben am 30. Mai in Zürich. Todesursache: Heroin.*
Nr. 34: *Gustav F. (24) aus Basel, gestorben am 2. Juni in Zürich. Todesursache: Heroin.*
Nr. 35: *Ruedi O. (26) aus Zürich, gestorben am 12. Juni in Zürich. Todesursache: Heroin/Ersticken.*
Nr. 36: *Karin M. (34) aus Uster, gestorben am 17. Juni in Uster. Todesursache: Heroin.*
Nr. 37: *Leo P. (27) aus Winterthur, gestorben am 30. Juni in Zürich. Todesursache: Heroin/Kokain.*
Nr. 38: *James L. (29) aus Santa Barbara (USA), gestorben am 30. Juni in Zürich. Todesursache: Heroin.*
Nr. 39: *Heinz U. (24) aus Birslach, gestorben am 8. Juli in Winterthur. Todesursache: Heroin/Kokain.*
Nr. 40: *Arthur Z. (43) aus Wädenswil, gestorben am 13. Juli in Wädenswil. Todesursache: Betäubungsmittel.*
Nr. 41: *Helmuth G. (32) aus Niederhasli, gestorben am 14. Juli in Niederhasli. Todesursache: Heroin.*
Nr. 42: *Franco C. (27) aus Neapel, gestorben am 16. Juli. Todesursache: Heroin.*
Nr. 43: *Sabine S. (43) aus Fribourg, gestorben am 21. Juli in Zürich. Todesursache: Kokain/Heroin.*
Nr. 44: *Jeanpierre S. (17) aus Montsevelier, gestorben am 23. Juli in Zürich. Todesursache: Betäubungsmittel.*
Nr. 45: *Renée L. (20) aus Paris, gestorben am 24. Juli in Zürich. Todesursache: Heroin.*
Nr. 46: *Urs E. (29) aus Uitikon-Waldegg, gestorben am 24. Juli in Uitikon-Waldegg. Todesursache: Kokain.*
Nr. 47: *Laura B. (18) aus Chur, gestorben am 25. Juli in Zürich. Todesursache: Heroin.*
Nr. 48: *Henry R. (33) aus Bilten, gestorben am 26. Juli in Wädenswil. Todesursache: Methadon.*
Nr. 49: *Sandy L. (19) aus Zürich, gestorben am 29. Juli in Zürich. Todesursache: Kokain.*

Nr. 50: Yvette O. (28) aus Bassersdorf, gestorben am 30. Juli in Bassersdorf. Todesursache: Heroin/Alkohol.
Nr. 51: Petra M. (28), ohne festen Wohnsitz, gestorben am 5. August in Zürich. Todesursache: Kokain/Heroin.
Nr. 52: Ormand W. (22), ohne festen Wohnsitz, gestorben am 5. August in Zürich. Todesursache: Betäubungsmittel.
Nr. 53: Anton B. (39) aus Zürich, gestorben am 5. August in Zürich. Todesursache: Heroin/Kokain.
Nr. 54: Rüdiger U. (21) aus Villingen-Schwarzwald (BRD), gestorben am 7. August in Oerlingen. Todesursache: Heroin.
Nr. 55: Pius R. (20) aus Bäretswil, gestorben am 8. August in Zürich. Todesursache: Betäubungsmittel.
Nr. 56: Jean C. (24) aus Puidoux-Gare, gestorben am 9. August in Zürich. Todesursache: Betäubungsmittel.
Nr. 57: Gery T. (28) aus Oetwil am See, gestorben am 12. August in Oetwil am See. Todesursache: Heroin.
Nr. 58: Kurt S. (26) aus Zürich, gestorben am 14. August in Zürich. Todesursache: Heroin.
Nr. 59: Anita A. (25) aus Zürich, gestorben am 28. August in Zürich. Todesursache: Betäubungsmittel.
Nr. 60: Peter N. (45) aus Zürich, gestorben am 28. August in Zürich. Todesursache: Heroin.
Nr. 61: Phil M. (29) aus Toronto (Kanada), gestorben am 30. August in Zürich. Todesursache: Betäubungsmittel.
Nr. 62: Letizia S. (31) aus Zürich, gestorben am 4. September in Zürich. Todesursache: Betäubungsmittel.
Nr. 63: Heinz R. (21) aus Zürich, gestorben am 11. September in Zürich. Todesursache: Betäubungsmittel.
Nr. 64: Leonhard J. (21) aus Zürich, gestorben am 24. September in Zürich. Todesursache: Betäubungsmittel.
Nr. 65: Dieter E. (30) aus Wolfenbüttel (BRD), gestorben am 24. September in Zürich. Todesursache: Heroin.
Nr. 66: Roberta K. (29) aus Zürich, gestorben am 24. September in Zürich. Todesursache: Freebase.

Nr. 67: André W. (23) aus Zürich, gestorben am 27. September in Zürich. Todesursache: Betäubungsmittel.
Nr. 68: Willi E. (27) aus Thalwil, gestorben am 27. September in Thalwil. Todesursache: Betäubungsmittel.
Nr. 69: Ignaz F. (26) aus Hinwil, gestorben am 30. September in Hinwil. Todesursache: Betäubungsmittel.

Auch Stefan Amann trug eine Nummer. Er war der 28. von jenen 102 jungen Menschen, die im Jahre 1979 in der Schweiz den Drogentod gestorben sind.

Ein Mittwoch im Mai

In der Nacht vom Dienstag auf den Mittwoch des 15. Mai 1979 brachte Albert Amann wieder einmal kaum ein Auge zu. Schon beim kleinsten Geräusch aus dem Treppenhaus oder von der nahen Straße schreckte er aus seinem Halbschlaf. Mit einem Blick auf die Leuchtziffern seines Wekkers mußte er feststellen, daß seit seinem letzten Erwachen kaum eine Viertelstunde vergangen war.
Gegen zwei Uhr früh stand er kurz auf, um einen flüchtigen Blick ins gegenüberliegende Schlafzimmer seines Sohnes Stefan zu werfen. Doch schon bevor er die Tür einen Spalt breit öffnete, wußte er, daß er Stefans Bett leer antreffen würde. Aber wie einem unbewußten Befehl gehorchend, öffnete er dennoch.
Stefan war noch immer nicht zu Hause.
Albert Amann tat, was er in den letzten Monaten immer häufiger getan hatte: Er ging ins Wohnzimmer und schenkte sich aus einer abgefüllten Kristallkaraffe einen großen Schluck Whisky in ein Glas ein. Doch die erhoffte Müdigkeit stellte sich nicht ein. Im Gegenteil: Der Alkohol ließ seine Sorgen um den Verbleib von Stefan nur noch größer werden.
Als ob er es nicht im voraus gewußt hätte, daß er sie ebenfalls leer antreffen würde, warf Albert Amann, das Whiskyglas noch in der Hand, einen Blick in die Küche. Dort lag noch alles genauso, wie er es am Vorabend gegen 18 Uhr hingestellt hatte: die beiden Entrecôtes auf dem Rüstbrett, daneben die Gewürzfläschchen, Salz, Pfeffer, das neu gekaufte Tomatenketchup, die Bratpfanne, zwei Teller, Besteck und auf dem Küchentisch Brot sowie eine Flasche Beaujolais.
«Leg einfach alles bereit», hatte Stefan gesagt, bevor er kurz vor 16 Uhr am Bellevue aus dem Wagen seines Vaters gestiegen war, um sich im Zürcher Niederdorf einen Schuß

zu besorgen. «Ich werde spätestens um sechs Uhr zu Hause sein», hatte er gesagt. «Und vergiß den Wein nicht!»
Nachdem Stefan um 20 Uhr noch immer nicht zu Hause eingetroffen war, verspürte Albert Amann keinen Hunger mehr. Er goß sich den ersten Whisky dieses Abends ein, setzte sich im Wohnzimmer in seinen bordeauxroten Ohrensessel und stellte am Fernsehapparat die Tagesschau ein. Als über einen Bombenanschlag in Nordirland berichtet wurde, dachte er an Inge, seine Frau, die sich zu dieser Abendstunde auf dem Londoner Flughafen Heathrow befand, wo sie zusammen mit ihrer Tochter Erika und einer gemeinsamen Freundin auf den Anschlußflug nach Mexiko-City wartete.
Kurz vor 12 Uhr hatte Albert Amann die drei in seinem alten Mercedes zum Flughafen Zürich-Kloten gefahren. Die Zwischenlandung in London war die erste Etappe ihrer vierwöchigen Urlaubsreise nach Südamerika.
«Mach dir keine Sorgen um Stefan», hatte er seiner Frau noch vor dem Abflug gesagt. «Genieße deinen Urlaub und versuche, während dieser Zeit einmal an etwas anderes zu denken. Ich werde schon auf Stefan aufpassen. Heute Abend werden wir zusammen essen. Du weißt, Stefan hat versprochen, daß er wieder einmal kocht.»
Gegen 21 Uhr 30 ertappte sich Albert Amann dabei, wie er vor dem Fernsehapparat eingenickt war. Er beschloß, zu Bett zu gehen und zog sich aus. Sollte Stefan nach Hause kommen, würde er ihn bestimmt hören.
Vielleicht, überlegte sich Albert Amann, war Stefan etwas Unvorhergesehenes dazwischen gekommen. Und überhaupt, versuchte er sich einzureden, es war ja nicht das erstemal, daß Stefan mitten in der Nacht nach Hause kam. Allerdings, und das verunsicherte ihn wieder, wenn Stefan später als versprochen eintraf, pflegte er jeweils irgendwann anzurufen.
Stefans erhoffter Anruf blieb an diesem Montagabend aus. Irgendwann gegen drei Uhr früh wurde Albert Amann doch noch vom Schlaf übermannt. Als er durch das Klingeln an

der Wohnungstür geweckt wurde, stand der Wecker kurz vor acht Uhr früh.
Stefan, dachte er schlaftrunken, wird wohl den Wohnungsschlüssel vergessen haben. Doch noch bevor sich Albert Amann den Morgenmantel übergezogen hatte, fiel ihm ein, daß er die Tür am vergangenen Abend gar nicht abgeschlossen hatte.
Als er durch den Türspion zwei Männer erblickte, dachte er sofort: Das sind Polizisten. Ihr früher Besuch, glaubte er, wird wohl Stefan gelten. Bevor er die Wohnungstür öffnete, warf er sicherheitshalber nochmals einen Blick in das Schlafzimmer seines Sohnes.
Stefans Matratze, die auf dem Boden lag, war unbenutzt.
In diesem Augenblick wurde Albert Amann klar, daß Stefan wieder einmal etwas ausgefressen haben mußte. Oder wollten ihn die Polizeibeamten einfach wieder einmal zu einem Verhör abholen? Das konnte nicht sein, überlegte er. Noch während ihm diese Gedanken durch den Kopf gingen, öffnete Albert Amann die Wohnungstür. Sie war tatsächlich unverschlossen.
«Sind Sie Herr Amann?» fragte der kleinere der beiden Polizisten unsicher.
«Suchen Sie meinen Sohn?»
«Nein. Guten Morgen, Herr Amann», sagte der zweite Polizist und suchte in seiner Brieftasche umständlich nach seinem Dienstausweis.
«Nicht nötig», sagte Albert Amann. «Ich kann mir vorstellen, woher Sie kommen.»
«Dürften wir Sie einen Augenblick sprechen?»
«Selbstverständlich. Um was geht es? Stefan?»
«Ja. Könnten wir...?»
«Bitte, treten Sie ein. Geradeaus geht es in die Stube. Entschuldigen Sie die Unordnung, bitte, nehmen Sie Platz. Soll ich einen Kaffee aufsetzen?»
«Nein, danke.» Die beiden Polizeibeamten sahen sich gegenseitig verlegen an.

«Bitte, setzen Sie sich, Herr Amann», sagte der Kleinere. «Entschuldigen Sie bitte die frühe Störung, aber es ging leider nicht anders.»
«Ich hätte ohnehin gleich aufstehen müssen», erwiderte Albert Amann und setzte sich in seinen Ohrensessel.
«Ich... äh, ich meine, wir...», begann der Größere, «nun, ja, es geht eigentlich schon um Ihren Sohn. Stefan, heißt er doch, oder?»
«Richtig.»
«Nun», fuhr der Kleinere mit belegter Stimme fort...»
«Möchten Sie rauchen?» unterbrach Albert Amann und bot den beiden Zigaretten an.
«Nein, danke. Sehr aufmerksam.»
«Also...», meldete sich der Kleinere wieder zu Wort, ich möchte mich zunächst einmal vorstellen. Mein Name ist Kellenberger. Das ist mein Kollege Fürst. Stadtpolizei Zürich.» Bevor er weitersprach, hielt er für einige Augenblicke inne und sah sich verlegen im Wohnzimmer um. «Ich fürchte, Herr Amann, wir haben Ihnen eine traurige Nachricht zu überbringen. Ihr Sohn wurde gestern abend aufgefunden. Leider konnten weder wir noch die Ärzte noch etwas für ihn tun. Es tut uns aufrichtig leid, Ihnen sagen zu müssen, daß Ihr Sohn gestorben ist. So, wie es aussieht, an einer Überdosis. Na ja, Sie wissen ja, wie es um ihn stand. Wenn wir irgend etwas für Sie tun können, ich meine...»
«Sind Sie sicher?» unterbrach Albert Amann.
«Was meinen Sie?»
«Daß es sich um Stefan handelt?»
«Ja. Er ist heute morgen vom Erkennungsdienst identifiziert worden. Fingerabdrücke, Fotos. Aber selbstverständlich müssen Sie noch vorbeikommen, um...»
«Ich werde mich bei Ihnen melden», unterbrach Albert Amann erneut und versuchte vergeblich, sich zu erheben. «Bitte, meine Herren, Sie verstehen, ich möchte jetzt alleine sein...»
«Selbstverständlich. Nochmals, Herr Amann, unser herzliches Beileid, Sie wissen, wir tun nur unsere Pflicht.»

Die beiden Polizeibeamten erhoben sich, hinterließen auf dem Stubentisch eine Visitenkarte, drückten, etwas Unverständliches vor sich hin murmelnd, Albert Amann die Hand und gingen zur Tür.

Von London her kommend setzte die B-747 der «Air Mexico» am Nachmittag des 15. Mai 1979 kurz vor vier Uhr Lokalzeit auf der Landebahn des «Benito Juarez International Airport» in Mexico-City auf.
Nach dem Bus-Transfer zum nahen Flughafengebäude und der Erledigung der Zollformalitäten stand Inge Amann-Zurbriggen mit ihrer Tochter Erika und Annelies Jaberg, einer langjährigen Freundin, am Rondell der Gepäckausgabestelle in der Ankunftshalle. Sie traute ihren Ohren nicht, als sie aus den Lautsprechern der Flughafenansage plötzlich ihren Namen hörte:
«Mrs. Amann from Zurich-Switzerland, please contact the information-desk... Mrs. Amann, please...»
«Hast du das gehört?» sagte sie erstaunt zu ihrer Tochter. «Das bin doch ich. Ob das mich betrifft?»
Nachdem auch Erika Amann der Durchsage, die noch zweimal wiederholt wurde, aufmerksam zugehört hatte, sagte sie: «Tatsächlich. Das gibt es ja gar nicht. Am besten meldest du dich bei der Information. Wir warten hier.»
Es vergingen einige Minuten, bis sich Inge Amann zum Informationsschalter durchgefragt hatte. Als sie ihn endlich erreichte, war sie außer Atem.
«Mrs. Amann?» wurde sie freundlich von einer uniformierten Ground-Hostess gefragt.
«Yes.»
«From Zurich/Switzerland?»
«Yes.»
«There is a telegram for you, madame.»
Die Hosteß überreichte ihr einen verschlossenen Briefumschlag. Noch vor dem Schalter stehend öffnete Inge Amann mit zitternden Händen den Brief. Er enthielt nur einen einzi-

gen, mit großen Schreibmaschinenbuchstaben geschriebenen Satz:
«STOP – STEFAN IST HEUTE AN SEINER KRANKHEIT GESTORBEN – STOP – ALBERT – STOP»

Ein Kind ist im Weg

Auf der Fahrstrecke zwischen den Stationen «Seebach» und «Stadtspital Triemli» kennt Hansjörg Gabathuler jeden Fahrmeter so genau wie seine Briefmarkensammlung. In den 27 Jahren seiner Tätigkeit als Tramführer bei den Verkehrsbetrieben der Stadt Zürich ist er auf dieser Linie Nummer 14 tausende Male hin- und zurückgefahren. «Ich glaube», sagt der seit einigen Jahren im Ruhestand lebende Gabathuler, «ich könnte die Strecke heute noch blindlings fahren.»
Von einer Ausnahme abgesehen, hatte Hansjörg Gabathuler mit seinem Tram nie einen nennenswerten Unfall. Ein angetrunkener Automobilist war damals bei der Haltestelle «Hauptbahnhof» zu früh über die Geleise des einfahrenden Tramzuges gefahren und hatte dabei die hintere Zugkupplung des Anhängerwagens gestreift.
Manchmal hört Hansjörg Gabathuler heute noch, wie es damals gekracht hat. Das Bersten von Glas und das dumpfe Krachen von Blech blieben ihm ebenso unvergeßlich wie jener Vorfall im September 1958 zwischen den Haltestellen «Schmiede Wiedikon» und «Goldbrunnenplatz»:
Es hatte damals den ganzen Morgen lang so heftig geregnet, daß der einarmige Scheibenwischer von Gabathulers Tram Mühe hatte, die Sicht nach vorne freizugeben. Obwohl es schon bald zehn Uhr vormittags war, hatten die meisten Autos noch immer die Abblendlichter eingeschaltet. Die Tramschienen glänzten auf dem nassen Asphalt wie Neonleuchten. «Es war dunkel wie in einer Kuh», erinnert sich Gabathuler.
Nach der langgezogenen Linkskurve bei der «Schmiede Wiedikon» bog Hansjörg Gabathuler mit seinem Tram auf die ungefähr zwei Kilometer lange «Zielgerade» ein, die, von drei Haltestellen unterbrochen, direkt zur Endstation «Triemli» führt. «Zielgerade» wird dieser Streckenteil von den Tramführern deshalb genannt, weil er zu den ganz we-

nigen im Stadtgebiet von Zürich gehört, auf denen mit der zulässigen Höchstgeschwindigkeit für schienengebundene Fahrzeuge gefahren werden darf.
Aufgrund der schlechten Sichtverhältnisse beschleunigte Hans Gabathuler nur behutsam. «Zum Glück», erinnert er sich. «Sonst wäre das Kind vielleicht unter die Räder gekommen.»
Kaum auf die «Zielgerade» eingebogen, sah er es: «Ich glaubte meinen Augen nicht zu trauen. Etwa 200 Meter von mir entfernt pedalte ein Kind auf einem Dreirad zwischen den Schienen direkt auf mein Tram zu. Instinktiv betätigte ich das Warnsignal und drosselte die Geschwindigkeit. Doch das Kind traf keine Anstalten, die Schienen freizugeben, im Gegenteil: Mit hocherhobenem Kopf radelte es mir entgegen, so als wollte es absichtlich mit mir zusammenstoßen. Ich leitete die Schnellbremsung ein und sah, daß auf dem Dreirad ein Knabe saß, der trotz kühler Witterung nur leicht bekleidet und barfuß war.
Einige meiner Fahrgäste haben natürlich fürchterlich geflucht, als sie durch die Notbremsung aus ihren Sitzen nach vorne geworfen wurden; die haben wohl geglaubt, ich hätte grundlos gestoppt.»
Wenige Meter vor dem herannahenden Dreirad kam Gabathulers Tram zum Stehen. Erst jetzt verlangsamte der Junge seine Fahrt, rechtzeitig genug, um unmittelbar vor dem Führerstand ebenfalls anhalten zu können. Durchnäßt und aus unerschrockenen Augen blickte der Knabe zum Tramführer empor.
«Er schien etwas zu sagen», erinnert sich Gabathuler. «Doch durch die geschlossenen Fenster konnte ich ihn nicht verstehen. Ich betätigte die Feststellbremse und stieg aus.»
Auf dem Dreirad saß ein vier- bis fünfjähriger Knabe. Seine nackten Füße hatte er auf die Anhängerkupplung des Tramwagens aufgestützt und mit dem Vorderrad seines Dreirads stieß er in rhythmischen Bewegungen gegen die gußeiserne Anhängervorrichtung. Der Kleine weinte.

«Was ist denn mit dir los?» fragte Gabathuler den Jungen und versuchte, ihn vom Dreirad zu heben.
«Nein», schrie der Knabe und wehrte sich mit Händen und Füßen. «Du bist mir im Weg», schrie er, «das ist mein Weg.»
Die inzwischen ebenfalls ausgestiegenen Fahrgäste sahen der ungewöhnlichen Situation ratlos zu. Während Hansjörg Gabathuler den Knaben vom Dreirad hochhob und zum nahen Gehsteig trug, entfernte ein Fahrgast das Dreirad vom Schienenstrang und versuchte nun seinerseits, den Kleinen zu trösten.
«Wie heißt du denn?» wollte der Fahrgast vom Knaben wissen. Der Knabe schwieg.
«Na, komm schon», sagte der Fahrgast, «niemand tut dir etwas. Sag, wie heißt du?»
«Stefan», antwortete der Knabe leise.
«Und wie noch?»
«Stefan», wiederholte der Knabe, «Stefan Amann.»
«Und wo willst du denn hin?»
«Ich weiß es nicht», sagte der Junge und begann wieder zu weinen.
«Fahren Sie nur weiter», sagte der Fahrgast zu Gabathuler und nahm ihm den Knaben aus den Armen. «Irgendwie bringe ich den Kleinen schon nach Hause.»

Der letzte Trip

Von weitem sieht die Abdankungskapelle auf dem Friedhof von Awyl der Talstation einer Luftseilbahn ähnlich: drei Sichtbetonwände, u-förmig angeordnet, ein schräg nach oben verlaufendes Dach. Die rhombusartigen Seitenwände werden an der Front durch eine Eisenkonstruktion zusammengehalten, die mit verschiedenfarbigen, rechteckigen Glasfenstern ausgekleidet ist. Von Frühling bis Sommer brechen sich die Sonnenstrahlen zwischen 10 und 12 Uhr genau inmitten der Fensterfassade und tauchen die Totenhalle in ein melancholisches Licht, das sich zum Trauern geradezu maßgeschneidert eignet. Vorausgesetzt, daß während der Abdankung zwischen 10 und 12 Uhr die Sonne scheint.
Als Stefan Amann am 21. Mai 1979 zu Grabe getragen wurde, war ein solcher Tag. Die anwesenden Stimmbürger von Awyl erhielten etwas für ihr Kirchensteuergeld: Als sich die große Trauergemeinde gegen halb elf Uhr in der Abdankungskapelle einfand, reflektierte die sonnendurchflutete Glasfassade wie ein übergroßes Kaleidoskop und bot ein beeindruckendes Farbenspiel.
«Ein halber Trip», bemerkte Fredy Baumann in der zweithintersten Bankreihe zu seinem Nachbarn Hugo Wieland. Die beiden waren ehemalige Schulkameraden von Stefan. Zusammen mit ihm und Paco Walder, der zurzeit wegen Drogendelikten im Zuchthaus von Regensdorf die letzten Tage seiner 33monatigen Strafe abriß, bildeten sie vor Jahren den harten Kern der jugendlichen Dorfbande von Awyl.
«Es fehlt nur noch etwas Heu oder Acid», erwiderte Hugo zustimmend. «Und Rick Wakeman an der Orgel.»
«Oder die Stones», ergänzte Fredy.
«Auch nicht schlecht», pflichtete Hugo bei. «Wie wär's mit ‹Sympathy for the devil'?»
«Stefan wäre jedenfalls voll darauf abgefahren», stimmte Fredy zu.

Weder Fredy noch Hugo gehörten zu den eingeladenen Trauergästen. Zeit und Ort der Beerdigung hatte Fredy telefonisch von Stefans Vater in Erfahrung gebracht. Als ehemalige Kameraden aus der Szene war es für sie mehr als nur eine sentimentale Verpflichtung, bei Stefans letztem Trip dabeizusein. Das galt vor allem für Fredy Baumann; er war einer der letzten, die Stefan wenige Stunden vor seinem Tod noch gesehen hatten:
«Als Stefan am 8. Februar 1979 aus der Klinik Sonnenbühl geworfen wurde», erinnert sich Fredy Baumann, «tauchte er völlig abgebrannt bei mir im Geschäft auf und sagte: ‹Ich checke es überhaupt nicht mehr; ich brauche dringend eine Loge.›
Nach Hause, wohin er jederzeit hätte gehen können, wollte er nicht, vor allem wegen seinem Vater. ‹Ich will ihm das Ende ersparen›, sagte Stefan. ‹Ich will nicht, daß er sieht, wie ich verrecke. Und überhaupt: Albert (Stefan nannte seinen Vater immer beim Vornamen) hat genug für mich getan; ich will ihn nicht noch mehr in meine Scheisse ziehen.›»
Stefan Amann verbrachte die letzten Wochen vor seinem Tod in Mettmenstetten, einem kleinen Dorf der Nähe von Zürich. Zusammen mit einigen Freaks aus der Zürcher Drogenszene wohnte dort Fredy Baumann in einer Wohngemeinschaft. Er war der einzige unter den vier Burschen und zwei Mädchen, der nicht an der Nadel hing und einer regelmäßigen Arbeit auf seinem gelernten Beruf als Lithograph nachging.
Zur Beerdigung ihres Sohnes hatten Inge und Albert Amann nur ihren engsten Freundeskreis eingeladen. Nicht von ungefähr: Stefans Drogenabhängigkeit war während all den zurückliegenden Jahren außerhalb der Familie nie ein Gesprächsthema gewesen. Selbst ihren näheren Verwandten gegenüber hatten Stefans Eltern jedes Gespräch über die Suchtkrankheit ihres Sohnes vermieden. «Wir wollten dadurch verhindern», so Albert Amann, «daß man mit Fingern auf uns zeigte.»

Natürlich wußten Albert und Inge Amann, daß sich Stefans Drogenabhängigkeit unabhängig von ihrem Schweigen, oder vielleicht gerade deshalb, in ihrem Verwandten- und Bekanntenkreis trotzdem herumgesprochen hatte. In diesen Kreisen schwieg man sich vornehm an und äußerte sich hinter vorgehaltener Hand. Ein Umstand, der die Eltern in ihrer ganzen Hoffnungslosigkeit noch mehr belastete.

Fredy Baumann: «Auch Stefan wußte das, und dieses Wissen trug mit dazu bei, daß sich seine Schuldgefühle dem Vater gegenüber ins Unerträgliche steigerten. Wenn wir mit Freaks aus der Szene bei Stefan zu Hause waren, konnten wir mit seinen Eltern immer sehr gut reden. Als sie wußten, wie es um Stefan stand, gab es in Sachen Drogen keine Geheimnisse. Stefans schlechtes Gewissen rührte aber auch daher, daß ihm sein Vater half, wo immer er konnte. «Mein Vater ist mein bester Freund», sagte Stefan oft, und das war wirklich nicht übertrieben. Die beiden waren wie siamesische Zwillinge: Der eine schien ohne den anderen nicht auskommen zu können. Sie verstanden sich, auch ohne miteinander zu sprechen. Je tiefer Stefan abstürzte, desto enger hielt Albert zu seinem Sohn. Ich glaube, er hat ihn wahnsinnig geliebt.»

Dafür, daß Stefans Eltern ihren Sohn nur im Kreise ihrer engsten Freunde beerdigen wollten, sieht Stefans Schwester Erika auch andere Gründe:

«Sie wollten weder nachträgliche Anteilnahme noch falsch verstandenes Mitleid. Beide wußten zu gut, was Mitleid bedeutete. Sie hatten sich ja zehn Jahre lang darin geübt, sich darin aufgegeben und beinahe gegenseitig verloren. ‹Es würde mich nicht erstaunen›, bemerkte Stefan einmal, ‹wenn sich die beiden meinetwegen scheiden lassen.›

Am liebsten, davon bin ich überzeugt, wären meine Eltern an Stefans Begräbnis alleine gewesen. So alleine, wie sie während all der Jahre mit ihm ohnehin gewesen sind. Nur mit sich selbst. Und Stefan.»

Stefans Tod hatte sich in Awyl schnell herumgesprochen. Die Abdankungskapelle war fast bis auf den letzten Platz besetzt. Fassungslosigkeit und Ratlosigkeit lagen wie ein Dunstschleier über der Trauergemeinde. Fredy Baumann und Hugo Wieland überlegten, was Stefan wohl angesichts dieser Betroffenheit gesagt hätte. Sie fanden keine Antwort. Während eine auf der Orgel intonierte Bachkantate schwermütig ausklang, bestieg Awyls Pfarrer, Viktor Weiß, die kleine Kanzel.
«Auch das noch», sagte Hugo.
«Er hört's ja nicht mehr», erwiderte Fredy.
«Zum Glück!»
Bevor Pfarrer Weiß zu sprechen begann, hielt er für einige Augenblicke inne und ließ seinen Blick über die dichtbesetzten Bankreihen wandern.
Zuvorderst saßen Stefans Eltern, daneben Erika zusammen mit ihrem Verlobten. Pfarrer Weiß erkannte Herbert Hauser und André Reich, zwei ehemalige Lehrer von Stefan sowie Gery Koller und Jürg Leber, zwei seiner damaligen Mitschüler. Frank Schütz, Direktor einer Zürcher Berufswahlschule und langjähriger Freund von Stefans Eltern, war mit seiner Frau anwesend. Unmittelbar vor ihnen erblickte Pfarrer Weiß Bea Barbey, Stefans letzte Freundin. Als einzige unter den Trauergästen trug sie ein weißes Kleid.
Für einen Augenblick ruhten Pfarrer Weiß' Blicke auch auf Hugo und Fredy. Er kannte sie, ebenso wie Stefan, seit ihren ersten Schuljahren. Er wußte nur zu gut, was sie in diesen Minuten bewegte. In Sachen Religion waren sie, ebensowenig wie Stefan, nie besonders empfänglich gewesen. doch diese Haltung gehörte für Pfarrer Weiß zu den Privilegien, die er der Jugend zugute hielt.
Nachdenklich begann er mit seiner sorgfältig vorbereiteten Abdankungsrede:

«Sehr geehrte Trauerfamilie, liebe Trauergäste: Es ist bei uns der Brauch, die Toten in Blumen zu betten; Blumen als

letzten Gruß in ihre Gräber zu streuen; ihre Gräber mit Blumen und Grünpflanzen zu schmücken. Das ist nicht einfach ein Gräberkult nur aus Hilflosigkeit, die uns angesichts des Todes eines Menschen befällt – und uns jetzt befallen hat, jetzt, da wir Stefan zur letzten Ruhe begleiten. Nein, die Farben der Blumen und das Grün der Pflanzen sind ein Sinnbild der Hoffnung auf unverwelkbares Leben, auf Glückseligkeit nach dem Tod, zu dem der Tod das Tor ist. Mit dem Grün deuten wir an, was die Natur in immerwährendem Ablauf uns zeigt: Tod im Kahlen des Winters und Auferstehung im Grün des Frühlings.

Der Gedanke an eine neue Existenzform nach dem Tod ist ein uralter Menschheitsgedanke, der zu jeder Zeit und in jeder Kulturform der Menschheit lebendig war. Diesen uralten Menschheitsgedanken kann man mit Fug und Recht einen religiösen Gedanken, ein religiöses Gefühl, eine religiöse Sehnsucht nennen, die über die Grenzen und die Begrenztheit von kirchlichen Religionsformen hinausgeht. Es ist der tiefe Traum der Menschen nach Vereinigung von Himmel und Erde.

Doch diese Sehnsucht bleibt auf dieser Welt ein Traum. Die harte Wirklichkeit des Reichseins, des Erfolgszwangs, das Ziel, Macht und Ansehen um jeden Preis zu erlangen, durchkreuzt solche utopischen Visionen. Oft gibt es angesichts dieser Situation nur zwei Möglichkeiten: Entweder zerbrechen wir solche paradiesischen Visionen und passen uns der Realität der Härte an, oder diese Realitäten zerbrechen uns, wenn wir alle an den Visionen von Glück und Harmonie festhalten wollen.

Mit Stefan ist das zweite passiert.

Stefan war ein leidender Mensch. Schon sehr früh zeigte es sich, daß er es schwer hatte, sich den harten Realitäten des Lebens zu unterziehen. Notwendigkeit und jede Art von Zwang konnte er schon als Kind nicht ertragen; in seiner tiefen Sensibilität wurde er zu stark davon betroffen. Wie in vielen jungen Menschen unserer Zeit war in ihm eine gehei-

me Sehnsucht oder Vision von einer besseren Welt, vom Paradies auf Erden am Werk. Verschiedenste Umstände haben dazu geführt, daß für Stefan der Weg in diese paradiesische Sehnsucht das todbringende Antlitz der harten Drogen angenommen hat. Dieser schreckliche Weg wurde für Stefan zum Kreuz- und Leidensweg. Immer nur stundenweise, wenn er Stoff hatte, konnte er glücklich in seiner Vision leben. Wenn er daraus herauskam, war der Zustand für ihn die Hölle, der er immer wieder von neuem entrinnen wollte.

Seine Suchtkrankheit hat nun zum Tode geführt. Am letzten Montag starb er an schlechtem Stoff oder an einer zu starken Dosis, die sein geschwächter Körper nicht mehr vertragen konnte.

Christus hat erlöst, nicht verurteilt. Er hat den glimmenden Docht nicht ausgelöscht, er hat den geknickten Halm aufgerichtet. Er hat gesagt: Richtet nicht, damit ihr nicht gerichtet werdet. Zu diesem Herrn ist Stefan jetzt zurückgekehrt. Stefan ist jetzt frei.»

«Ich hatte Angst vor dieser Beerdigung», sagt Stefans Vater heute. «Angst, daß ich sie nicht durchstehen, plötzlich zusammenbrechen könnte. Es wird mir wohl nie möglich sein, jenes Gefühl zu beschreiben, das einen erfaßt, wenn man sein eigenes Kind zu Grabe tragen muß. Eine unendliche Leere hatte von mir Besitz ergriffen.

Als wir nach der Trauerfeier vor dem Eingang der Abdankungskapelle die Beileidsbezeugungen entgegennahmen, spürte ich zwar, daß die tröstenden Worte aufrichtig gemeint waren, aber ich hörte sie kaum. Der Schmerz über den endgültigen Verlust von Stefan und die Erkenntnis, daß zukünftig nur noch Erinnerungen bleiben würden, waren in diesem Augenblick so groß wie nie zuvor. Irgendwie empfand ich die zurückliegende Zeit und alles, was jetzt mit Stefans Begräbnis endgültig zu Ende war, wie aus einer unfaßbaren Distanz. Die Gegenwart schien mir ein unwirk-

licher Traum zu sein, aus dem ich jederzeit zu erwachen glaubte. Und als ich mit Inge und Erika vom Begräbnis nach Hause fuhr, breitete sich in mir auch die Angst aus, tatsächlich aus diesem Traum erwachen zu müssen.
Der letzte Tag mit Stefan ging mir immer wieder durch den Kopf. Meine Gedanken wurden fortlaufend mit Erinnerungen aus den zurückliegenden zehn Jahren unterbrochen; Bilder tauchten auf, die ich nicht ordnen konnte, und Gefühle, die alle in der Frage endeten: Habe ich etwas falsch gemacht? Habe ich versagt? Trifft mich eine Schuld? Wahrscheinlich denken alle Eltern so, wenn ihnen ein Kind wegstirbt. Doch je länger ich mir diese Fragen stellte, desto mehr kam ich zur Überzeugung, daß ich, nochmals vor dieselbe Wahl gestellt, in jeder Beziehung gleich handeln würde. Diese Erkenntnis gab mir wahrscheinlich jenen Halt, der mich vor einem Zusammenbruch bewahrt hat.»

Zu Hause hatte Erika Amann die eingegangenen Briefe und Kondolenzkarten auf dem Stubentisch ausgelegt und fein säuberlich darauf vermerkt, wem in den nächsten Tagen eine Blumenspende verdankt werden mußte. Viele hatten geschrieben, auch Leute, die Stefans Eltern seit Jahren nie mehr gesehen oder gesprochen hatten. Unbekannte Junkies aus Stefans Drogenszene waren ebenso darunter wie weit entfernte Nachbarn, längst vergessene Bekannte und ehemalige Lehrer und Arbeitgeber ihres Sohnes.
Irgendwann an diesem Nachmittag des 21. Mai 1979 hielt Albert Amann einen Kondolenzbrief in den Händen, dessen Inhalt ihm besonders nahe ging. Stefans letzte Freundin, Bea Barbey, hatte ihn am Freitag vor der Beerdigung abgeschickt:

Lieber Herr Amann,
ich schreibe Ihnen, weil ich glaube, daß Sie der einzige Mensch sind, der dieselbe Trauer wie ich empfindet. Der Glaube, daß Menschlichkeit zum Ziel führt, ist mit dem Tod

von Stefan gebrochen worden. Ich weiß, daß Sie Stefan bedingungslos geliebt, ihm vertraut und in jeder Beziehung geholfen haben. Sicher wird es Leute geben, die sagen, das sei Dummheit gewesen, denn das Resultat würde ja auch Ihnen beweisen, daß Ihre Bemühungen nichts genützt hätten. Gerade deshalb scheint es mir so wichtig, jetzt mit Ihnen zu sprechen.
Ich hatte unwahrscheinliches Glück und konnte mich noch rechtzeitig retten. Andernfalls ginge ich jetzt denselben Weg wie er. Stefan konnte meine Entscheidung, die Finger vom Heroin zu lassen, akzeptieren, er selbst hat jedoch schon lange nicht mehr an den Erfolg einer Entziehung geglaubt. Ich habe mich ihm vergeblich als Ersatz für das Heroin angeboten.
Ich glaube, ihn gut zu kennen, aus Gesprächen, die wir führen konnten, während seiner Phasen mit und ohne Heroin. Deshalb möchte ich Ihnen sagen, was Sie für ihn bedeutet haben, denn ich glaube kaum, daß Stefan selber noch fähig war, so mit Ihnen zu sprechen.
Stefan liebte diejenigen, die an ihn glaubten. Er liebte Sie, seinen Hund Dascha und vielleicht auch mich. Sich selber liebte er nicht, weil ihm die Welt immer beizubringen versuchte, wer er zu sein habe. Je früher ein Mensch auf solche Ungereimtheiten stößt, desto tiefer sind die Furchen oder Leiden.
Stefan sagte immer nur Gutes über Sie. Sie haben ihm nie die Freundschaft gekündigt. Er hatte Mitleid mit Ihnen, denn er wußte, daß er nie mehr fähig sein würde, Ihnen Ihre Liebe zu danken. Er sagte immer: «Mein Vater ist zu gut für diese Welt.»
Ich möchte Ihnen an dieser Stelle in seinem Namen für all das danken, was Sie für ihn getan haben, und ich möchte Ihnen sagen, daß Ihr Vertrauen einen Sinn hatte und nicht enttäuscht worden ist durch äußere Schlechtigkeit. Stefan wußte, daß nur sein Tod Sie von ihren Sorgen befreien kann.
Ihre Bea

Stefans Mutter

Inge Zurbriggen wurde am 4. Januar 1926 als einziges Kind ihrer Eltern in Kaiserslautern geboren. Bis zu ihrem 18. Altersjahr blieb sie in ihrer Geburtsstadt. Dort besuchte sie die Schulen und durchlebte die Schrecken der Kriegsjahre. Anfangs 1944 erkrankte ihre Mutter schwer. Es bestand nur noch wenig Hoffnung auf Genesung. Da Kaiserslautern zu jenem Zeitpunkt fast vollständig ausgebombt war, bestand kaum mehr eine Möglichkeit, Medikamente zu erhalten.
Inges Vater arbeitete bei den Pfaff-Nähmaschinenwerken. Diese hatten während der Kriegsjahre auf Rüstung umgestellt. Die einzig verbleibende Möglichkeit, die Mutter vor dem Tod zu bewahren und mit seiner Familie ein neues Leben in Sicherheit aufzubauen, bestand für Inges Vater darin, in die Schweiz zu ziehen. Seine Familie stammte ursprünglich aus dem Wallis.
Ein erster Versuch Kaspar Zurbriggens, die Einreisebewilligung für die Schweiz zu erhalten, scheiterte. Dem Wunsch ihres Vaters entsprechend, meldete sich Inge kurze Zeit später auf dem Schweizer Konsulat in Baden-Baden und beantragte für sich alleine ein Einreisevisum. Es wurde ihr umgehend ausgestellt.
«Hauptsache ist», sagte ihr Vater, «daß wenigstens du in Sicherheit bist. Wir werden bestimmt bald nachkommen.»
Im Ungewissen, ob sie ihre Eltern jemals wieder sehen würde, reiste Inge Zurbriggen im Oktober 1944 in die Schweiz ein. Das Schweizer Konsulat hatte ihr bei der Visa-Erteilung empfohlen, sich unmittelbar nach der Ankunft im Zürcher Hauptbahnhof auf dem Büro der «Freundinnen junger Mädchen» zu melden. Diese Organisation bemühte sich damals insbesondere um das Schicksal junger Emigrantinnen. Von dort wurde Inge ins «Matterhaus», einer Auffangstation am Zähringerplatz geschickt. Für die ersten Tage und Nächte erhielt sie Unterkunft und Verpflegung.

Dank der Schweizerischen Rückwandererhilfe erhielt Inge bald die Gelegenheit, ihre in Deutschland unterbrochene schulische Ausbildung in Zürich fortzusetzen und abzuschliessen. Sie konnte eine private Handelsschule besuchen. Für das Schulgeld kam die Rückwandererhilfe auf. Nach Erlangung des kaufmännischen Diploms fand Inge Zurbriggen bei der Zentralstelle für Flüchtlingshilfe eine Stelle als Sekretärin. Diese Organisation setzte sich auch dafür ein, daß Inges Eltern im Dezember 1944 ebenfalls in die Schweiz einreisen konnten. Damit ging für sie ihr sehnlichst erhoffter Weihnachtswunsch in Erfüllung. Sie war glücklich wie selten zuvor. Bis die wiedervereinigte Familie Zurbriggen im Frühling 1945 eine kleine Wohnung im Zürcher Stadtquartier Wiedikon fand, wohnte sie im Hotel Pfauen.

Die Leitung der Zentralstelle für Flüchtlingshilfe befand sich an der Zürcher Beethovenstraße. Hier, an ihrem Arbeitsplatz, lernte Inge Zurbriggen 1946 ihren späteren Ehemann, Albert Amann, kennen. Als Sachbearbeiter wurde er ihr direkter Vorgesetzter.

«Ich verliebte mich sehr bald in diesen gutaussehenden und äußerst charmanten jungen Mann», erinnert sie sich. «Es begann ein Verhältnis, das nicht ohne Folgen blieb: Gut zwei Jahre später wurde ich schwanger. Ohne lange zu überlegen sagte Albert: ‹Jetzt wird geheiratet.›

An der Birmensdorferstraße, nur einen Häuserblock von meinen Eltern entfernt, fanden wir eine gemütliche Dreizimmerwohnung.»

Nach einer äußerst schwierigen und von vielen Komplikationen begleiteten Schwangerschaft brachte Inge Amann am 23. August 1948 ein Mädchen zur Welt. Es wurde auf den Namen Erika getauft.

Bereits kurze Zeit nach Erikas Geburt stand für Inge Amann fest, daß sie kein zweites Kind mehr haben wollte. «Allein schon der Gedanke, die durchlittenen Monate meiner Schwangerschaft noch einmal zu erleben, war unvorstellbar. Auch Albert teilte anfänglich meine Meinung und so blieb es fünf Jahre lang. Dann wurde jedoch Alberts Wunsch nach einem zweiten Kind, wenn möglich einem Stammhalter, doch so groß, daß mir keine andere Wahl blieb, als seine Hoffnung ebenfalls zu teilen. Wenige Monate später wurde ich wieder schwanger, und praktisch mit einem Schlag waren meine verdrängten Ängste wieder da. Albert gegenüber versuchte ich meine Angstzustände so gut wie möglich zu verbergen, zumal ich sah, wie sehr er sich auf das kommende Kind freute. Aber in mir wehrte sich instinktiv alles gegen diese erneute Schwangerschaft; sie entsprach nicht meinem aufrichtigsten Wunsch, und auch mein Körper wehrte sich dagegen. Ich habe praktisch neun Monate lang geweint.

«Wenn ich heute», erinnert sich Inge Amann, «nach all dem, was mit Stefan passiert ist, zurückblicke, mache ich mir oft schwere Vorwürfe. Vielleicht kam es nicht von ungefähr, daß Stefan später so schwierig wurde. Man hört ja immer wieder, daß sich das Verhalten der werdenden Mutter auch auf das Ungeborene übertragen könne, und daß es sehr darauf ankommt, ob man sich auf das Kind freut, gelöst und fröhlich ist oder nicht. Ich war weder das eine noch das andere. Ich war neun Monate voller Angst, Verzweiflung und Niedergeschlagenheit.

Eine Erklärung für mein Verhalten fand ich nicht. Doch die Angst vor der neuen Schwangerschaft allein konnte es mit Sicherheit nicht gewesen sein.»

Sowohl Albert Amann wie ihren Eltern entging Inges Veränderung während dieser Zeit nicht. Doch da sie ihre innersten Gefühle und Empfindungen ohnehin nicht ausdrücken konnte, sprach man nur selten darüber.

Verständnis und Hilfe fand Inge vor allem bei ihrer Mutter. Sie sprach ihr immer wieder Mut zu und versicherte, daß sie nach der Geburt auch ihrerseits für das Kind besorgt sein werde. Und da sich ihre Tochter so sehr vor einem erneuten Spitalaufenthalt fürchtete, empfahl sie Inge, das Kind zu Hause zur Welt zu bringen.

Während den neun Monaten ihrer Schwangerschaft befand sich Inge Amann in einem fortwährenden Zustand der seelischen Hin- und Hergerissenheit, in einem unablässigen Wechselbad der Gefühle: Zuversicht, Angst und Widerwillen lösten sich gegenseitig ab. Und über allem lastete Inges Befürchtung, daß sie mit ihrem Verhalten zu allem Überfluß auch die sonst sehr glückliche Ehe mit Albert gefährden könnte.

Immer häufiger wurde sie von schweren Depressionen geplagt. Den Mut, sich offen auszusprechen, fand Inge Amann nicht. Statt dessen griff sie immer häufiger zu Schmerztabletten und Beruhigungspillen.

Am Sonntag, dem 31. Januar 1954, kurz nach halb fünf Uhr nachmittags, kam Stefan in der elterlichen Wohnung an der Birmensdorferstraße zur Welt. Zum Erstaunen seiner Mutter wurde es eine fast schmerzlose, völlig unkomplizierte Geburt. Als wäre sie aus einem unendlich langen Alptraum erwacht, verspürte Inge Amann zum erstenmal so etwas wie Freude über das Neugeborene.

Albert Amann hätte die Geburt seines Sohnes, die zwei Wochen vor dem erwarteten Termin einsetzte, beinahe verpaßt. Die Sonntagnachmittage gehörten für ihn traditionellerweise dem Fußball-Club Zürich. Wann immer sein Lieblingsteam ein Heimspiel austrug, befand er sich als treuer FCZ-Fan im Letzigrund-Stadion. Hätte die eilends herbeigerufene Hebamme an jenem 31. Januar den werdenden Vater nicht aufgehalten, wäre Stefan ohne seinen Vater zur Welt gekommen. Genau in der Halbzeitpause im Match zwischen dem FC Zürich und dem FC Basel.

Inges Eltern machten ihr vor Stefans Geburt abgegebenes Versprechen wahr: Von den ersten Wochen an waren sie in rührender Weise um ihr Enkelkind besorgt. Sie hüteten den Kleinen, wann immer sie darum gebeten wurden. Nie war ihnen ein Wunsch oder Anliegen von Stefans Eltern zuviel. Die direkte Nachbarschaft brachte diesbezüglich viele Vorteile, vor allem, als Inge Amann wieder halbtags zu arbeiten begann und Stefan somit nie alleine gelassen werden musste.

Im Gegensatz zu seiner Schwester Erika wuchs Stefan größtenteils bei seinen Großeltern auf. Eine ganz besondere Zuneigung entwickelte er zu seinem Großvater Kaspar. Dieser unterließ nichts, um sein geliebtes Enkelkind nach allen Regeln der Kunst zu verwöhnen.

«Wenn Stefan zu Hause war», erinnert sich die Mutter, «konnte man ihn kaum eine Minute unbeaufsichtigt lassen. Er war unablässig dafür besorgt, das zu tun, was man ihm untersagte. Schon als Kleinkind gehorchte er nur widerwillig und wehrte sich ebenso lautstark wie vehement gegen jede Form von auferlegtem Zwang. Er tat einfach das, was ihm beliebte und was er im jeweiligen Augenblick für richtig empfand.»

Besonders auffallend war, daß man Stefan nur ganz selten lachen sah. Seine Eigenwilligkeit spiegelte sich auch auf seinen Gesichtszügen wider: Sie waren oft von einem trotzigen Ausdruck gezeichnet. Noch heute höre ich die Großmutter sagen: «Warum schaut der Bub nur so böse in die Welt?»

Bis zu seinem vierten Geburtstag entwickelte sich Stefan zu einem eigentlichen Einzelgänger. Mit Vorliebe spielte er für sich alleine, sowohl zu Hause wie im Freien. «Manchmal schien es», erinnert sich die Mutter, «als würde er ununterbrochen über etwas Unerklärliches nachdenken. Ich wurde oft das Gefühl nicht los, daß er sich bewußt von seiner Umwelt ausschließen wollte. Gutgemeinte Ratschläge, Belehrungen oder kleine Bestrafungen nahm er praktisch nur von seinem Großvater ernsthaft entgegen. Albert und ich konnten ihm hundertmal das eine oder andere sagen – er tat es einfach nicht. Oder dann mit Sicherheit das Gegenteil. So beispielsweise, als wir ihm ein Dreirad kauften und ihn darauf aufmerksam machten, nie damit auf der an unserem Haus vorbeiführenden Hauptstraße zu fahren. Er tat es dennoch. Als wolle er sich von einem Teil seines Zuhauses entledigen, zog er vor dem Antritt seiner Dreiradfahrten immer die Schuhe und Socken aus. Zusammen mit Pullover oder Windjacke vergrub er sie jeweils im nahen Sandkasten. Dabei spielte es keine Rolle, wie kalt es draußen war: Kälte schien ihm überhaupt nichts anhaben zu können. So kam es zu jenem Zwischenfall mit dem Tram. Ein älterer Herr, der als Fahrgast den Vorfall miterlebt hatte, brachte ihn damals nach Hause.»

Kurz vor Stefans fünftem Geburtstag übersiedelten Inges Eltern wieder in die Bundesrepublik Deutschland. Ihr Vater hatte in Karlsruhe eine neue Stelle gefunden. Kaspar und Verena Zurbriggen anerboten sich, Stefan für einige Monate zu sich nach Deutschland zu nehmen, was dieser freudig begrüßte. Während Stefans Abwesenheit nahm Inge Amann wieder eine Ganztagsstelle als Sekretärin an.

Unmittelbar vor Stefans Eintritt in den Kindergarten übersiedelten Inge und Albert Amann nach Awyl, einer kleinen Gemeinde am nördlichen Stadtrand von Zürich. Der Abschied von seinen geliebten Großeltern fiel Stefan nicht leicht. Anfänglich weinte er deswegen oft. Seinen Eltern fiel es in solchen Augenblicken schwer, ihn zu trösten.

Im Kindergarten zeigten sich Stefans frühe Eigenschaften wieder. Er gehorchte nur widerwillig, ertrug keine Kritik und zeigte sich als ausgesprochener Einzelgänger.

«Mit seinen Kameraden», erinnert sich heute Birgit Zahnd, seine damalige Kindergärtnerin, «spielte Stefan nur, wenn das gemacht wurde, was er sagte oder wünschte. Solange ich nicht dabei war, hatte er mit seinem Verhalten meistens Erfolg. Nicht zuletzt, weil er als großgewachsener Junge praktisch um einen Kopf größer war als alle seine Spielkameraden. Von der Statur her war Stefan allen überlegen. Ein Resultat davon war, daß Stefan mehr oder weniger an allem, was in negativem Sinn im Kindergarten vorfiel, die Schuld zu tragen hatte. Auch dann, wenn er mit einer unerfreulichen Angelegenheit einmal nicht das Geringste zu tun hatte. Die Strafe traf fast immer ihn. Er war der geborene Sündenbock.»

In der Tat behielt Stefan diese Rolle zeit seines Lebens. Sie blieb diesem sensiblen Menschen treu wie ein zugelaufener Hund.

Was Stefans Erziehung betraf, konnte sich Inge Amann mit ihrem Mann nur selten einigen. Dort, wo sie nein sagte, sagte er ja und umgekehrt. «Mit der Zeit», so die Mutter, «gewöhnte ich mich daran, den Weg des geringsten Widerstandes zu gehen.»

Das galt auch, als Stefan zur Schule kam. Schon von der ersten Klasse an gab es mit ihm immer wieder Konflikte. Als außergewöhnlich großgewachsener Junge war er seinen meisten Mitschülern körperlich überlegen. «Seine zeitweise miserablen Schulleistungen», erinnert sich sein erster Lehrer, Herbert Hauser, «machte er seinen Kameraden gegenüber dadurch wett, daß ihm seine Phantasie für Streiche und Abenteuer aller Art nie auszugehen schien. Zweifellos versuchte er damit, von seinen Schulkameraden, die ihm intellektuell überlegen waren, anerkannt und respektiert zu werden. In den meisten Fällen gelang ihm das auch.»

Was sich bereits im Kindergarten abzeichnete, fand während der Primarschule seine Fortsetzung: Stefan wurde in seinem Kollegen- und Freundeskreis immer mehr zum Anführer. Kein Abenteuer war ihm zu verwegen, kein Jugendstreich zu riskant. Dabei spielte es keine Rolle, ob die Idee von ihm ausging oder nicht. Er war einfach dabei, mit ihm konnte man rechnen. Aber auch Stefan konnte sich immer auf etwas verlassen: Gleichgültig, ob er die Goldfische aus dem Schulhausteich fing und nach Hause brachte oder die Dachtraufe hoch ein Nachbarhaus bestieg, sein Vater würde ihm straflos verzeihen und alle entstandenen Unannehmlichkeiten aus dem Weg räumen. Albert Amann war so sehr in seinen Sohn verliebt, daß er einfach alles für ihn getan hätte.

«Er hat sich regelrecht für Stefan geopfert», sagt zurückblickend seine Frau. «Alberts Leben bestand fast nur noch darin, unserem Sohn bei all seinen Problemen beizustehen und ihm bei der Beseitigung von auftauchenden Schwierigkeiten behilflich zu sein. Selbst dann noch, als es längst zu spät war.»

Stefans Vater

Wie sein Sohn kam auch Albert Amann an einem Sonntag zu Welt: am 13. August 1922. Von den vier Kindern seiner Eltern Andreas und Silvia Amann war Albert das zweitälteste. Als Albert sechs Jahre alt war, ließ sein Vater, der bei der Zürcher Kantonalbank arbeitete, an der Haldenstraße in Zürich-Wiedikon ein Haus bauen. Die frühesten Kindheitserinnerungen von Albert Amann reichen in diese Zeit zurück:
«Im ersten Stock des Hauses wohnten meine Großeltern väterlicherseits und im Parterre eine Schwester meines Vaters. Wir waren eine einzige große Familie, in der ich eine unbeschwerte Jugendzeit verlebte.»
Albert Amann absolvierte die Mittelschule und danach eine kaufmännische Lehre. Nach Kriegsausbruch arbeitete er zunächst in einem kriegswirtschaftlichen Betrieb. Anschließend trat er in die Zentralleitung für Flüchtlingshilfe ein, wo ihm bereits in jungen Jahren eine eigene Abteilung unterstand.
In die bildhübsche Sekretärin Inge Zurbriggen verliebte sich Albert Amann «...von dem Moment an, als ich sie zum erstenmal sah. Allerdings merkte ich bald, daß auch einer meiner Arbeitskollegen ein Auge auf dieses schöne Mädchen mit dem eigenartigen Akzent in ihrer Deutschschweizer Mundart geworfen hatte. Im Gegensatz zu ihm hatte ich den Vorteil, jeweils mit Inge in der Straßenbahn nach Hause fahren zu können. Ihre Eltern wohnten nämlich nur einen Flintenschuß vom Hause meines Vaters entfernt. Anläßlich einer solchen Fahrt nahm ich eines Abends mein Herz in beide Hände und lud sie zum Essen ein. Danach ging alles sehr schnell. Das einzige, was mich störte, war, daß Inge am gleichen Arbeitsplatz wie ich arbeitete. Das änderte sich, als sie schwanger wurde und wir, sozusagen Hals über Kopf, heirateten. Eine Mußheirat im eigentlichen

Sinne war es allerdings nicht: Ich hätte Inge so oder so geheiratet, und sie wußte das auch.
Ich war außer mir vor Freude, als ich erfuhr, daß Inge ein Kind erwartete und war fest davon überzeugt, daß es ein Sohn sein würde. Alles sah sogar danach aus, als ob unser erstes Kind am gleichen Tag wie einst ich zur Welt kommen würde. Als es dann ein Mädchen wurde, war ich im ersten Moment schon ein bißchen enttäuscht, aber nicht mehr und nicht weniger als jeder andere Ehemann, der sich neun Monate lang einen Stammhalter gewünscht hatte. Doch von dem Augenblick an, als ich Erika – ich war bei der Geburt, die im Sanitas-Spital stattfand, dabei – bewußt wahrnahm, schloß ich unsere Tochter in mein Herz».
Kurz nach Erikas Geburt, am 23. August 1948, mußte Albert Amann aus beruflichen Gründen für neun Monate nach England. Mitte 1947 hatte er nämlich seine Stelle in der Zentralleitung für Flüchtlingshilfe aufgegeben, da ihm bei einer großen schweizerischen Versicherungsgesellschaft die Möglichkeit geboten wurde, als Sachbearbeiter eine neue berufliche Karriere zu beginnen.
Dafür, daß Inge nach seiner Rückkehr eher ablehnend auf seinen Wunsch nach einem zweiten Kind reagierte, hatte Albert Amann Verständnis: «Sie hatte mit Erika wirklich eine schlimme Schwangerschaft durchzustehen. Die meiste Zeit mußte sie im Bett liegen und konnte sich kaum bewegen. Fast alles, was sie aß, mußte sie schon nach kurzer Zeit wieder hergeben. Nach den ersten vier Monaten war sie völlig entkräftet. Sie tat mir furchtbar leid. Nicht einmal die Ärzte konnten ihr helfen.
Allein schon der Gedanke an eine erneute Schwangerschaft versetzte Inge in Panik. Ich dachte, daß die Zeit vielleicht diese Wunden aus der Vergangenheit heilen würde und beschloß, sie für längere Zeit nicht mehr darauf anzusprechen. Das dauerte fünf Jahre. Da während dieser Zeit meine berufliche Weiterbildung Vorrang hatte, rückte auch für mich das Thema Nachwuchs ein bißchen in den Hintergrund.»

Wenn auch etwas widerwillig, entsprach Inge Amann im April 1953 dem Wunsch ihres Ehegatten nach einem zweiten Kind. Ihre Zustimmung wurde auch dadurch unterstützt, daß sie mit der kleinen Erika nie Probleme hatte. Sie war ein selbständiges, unbeschwertes Kind. Die Zusage von Inges Eltern, nach der Geburt für das zweite Kind besorgt zu sein, zerstreute schließlich Inge Amanns Vorbehalte. Sie wurde wieder schwanger.
Auch diesmal war ihr Ehemann überzeugt, es würde ihm ein Stammhalter geboren: «Ich hätte», sagt Albert Amann, «jede Wette darauf abgeschlossen.»
Die Umstände jenes Sonntags, an dem Stefan zur Welt kam, hat sein Vater bis heute nicht vergessen: «Ich war drauf und dran, zum Fußballmatch zu gehen, als Inge sagte, sie habe ein komisches Gefühl und ich solle doch sicherheitshalber der Hebamme telefonieren. Kaum war diese da, setzten die ersten Wehen ein. Anderthalb Stunden später war es soweit: Stefan kam zur Welt. Meine Freude war unbeschreiblich.»
Albert Amann konnte sich an diesem Sonntagnachmittag, dem 31. Januar 1954, doppelt freuen: Auch ohne seine Anwesenheit im Fußballstadion schlug der FC Zürich seinen Erzrivalen FC Basel mit 2:1 Toren.
An ausgefallene Besonderheiten während der Kindheit seines Sohnes kann sich Albert Amann nicht erinnern: «Ich habe ihn als absolut normalen Buben erlebt, der einem Freude machte und wie jedes andere Kind ab und zu etwas schmutzig war. Ungewöhnlich war höchstens, daß er oft Dinge machte, die andere Kinder in diesem Alter nicht tun. So ging er beispielsweise zum Spielen immer sehr weit von zu Hause weg. Mit Vorliebe vergrub er regelmäßig Kleidungsstücke im nahen Sandkasten, die ich dann nach Feierabend suchen mußte. Aber auch das fand ich weiter nicht schlimm; kleine Kinder haben nun einmal ausgefallene Ideen. Was verboten ist, reizt Kinder erst recht. Das ist nicht abnormal. Zugegeben: Auch ich hatte oft den Eindruck, daß

in diesem kleinen Menschen ein Drang steckte, immer das zu tun, was er lieber unterlassen sollte. Besonders aufgeregt habe ich mich deswegen nicht. Andererseits machte und sagte der kleine Stefan Sachen, die für sein Alter erstaunlich waren.»

Für Albert Amann begannen die Schwierigkeiten mit seinem Sohn erst, als Stefan in die Schule kam: «Ich glaube, es begann mit diesem Leistungszwang, etwas, das Stefan ganz und gar nicht lag. In den ersten Schuljahren war es noch nicht so ausgeprägt; ich glaube, er unterschied sich damals nicht groß von seinen Altersgenossen.

Stefans schlechten Zeugnissen in den ersten drei Schuljahren maß ich keine übergroße Bedeutung zu. Ich dachte einfach: Das kommt dann schon noch. In dieser Meinung wurde ich auch von seinem ersten Lehrer, Herbert Hauser, bestärkt. Er sagte mir wiederholt: ‹Bei Stefan ist alles nur eine Frage der Einstellung. Anders kann ich mir seine Leistungsschwankungen nicht erklären.›

Eine eigentliche Veränderung bei Stefan stellte ich erst fest, als er Ende der 6. Klasse war und die Aufnahme zur Sekundarschule vor der Türe stand. Bei einem Notendurchschnitt unter 4,5 mußte eine Aufnahmeprüfung bestanden werden. Es war natürlich mein Wunsch, daß er diese Prüfung schaffte, denn insgeheim hatte ich immer gehofft, daß er eines Tages studiert und Akademiker wird. Die Intelligenz dazu hätte er gehabt, das einzige, was ihm fehlte, war Ausdauer. Die brachte er einfach nie hin. Dafür begriff er alles sehr schnell: im Sport, im Lesen, Rechnen oder überhaupt beim Lernen. Darüber hinaus verfügte er über eine erstaunliche analytische Begabung. Diese zeigte sich beispielsweise bei seinen Lieblingssportarten, dem Schach und dem Handball. Für seinen Handballclub, in dem er während langer Zeit der überragendste Spieler war, konnte er sich stundenlang neue taktische Spielzüge ausdenken, die in der Praxis erfolgreich eingesetzt wurden. Beim Schach galt er in der Juniorenkategorie bis 18 Jahre als praktisch unschlagbar. Stefan besaß

eine unerhört rasche Auffassungsgabe. Das war vielleicht eine große Gefahr: Was man nämlich schnell begreift, vergißt man auch schnell wieder. Nur das, was man sich erarbeiten muß, bleibt.
Vor der Aufnahmeprüfung in die Sekundarschule, die er nicht bestand, paukten wir alle auf ihn ein. Damals war es noch eine Schande, wenn jemand nur in die Realschule kam. Zu Hause und in der Schule wurde unaufhörlich auf ihn eingeredet. Wahrscheinlich entstand dadurch so etwas wie ein Widerwille in ihm gegen alle, die ihn belehren wollten. Das ging soweit, bis er alle Vorwürfe nur noch stillschweigend hinnahm oder höchstens sagte: ‹Ja, ja, ihr habt schon recht.›
Zurückblickend muß ich sagen: Er hat sich nie gewehrt, nie gesagt, er könne etwas nicht oder er verstünde nicht, was wir meinten. Es war, als ob er damit sagen wollte: ‹Was ihr sagt, weiß ich auch, aber ihr versteht mich einfach nicht.› In dieser Beziehung war er mir sehr ähnlich. Auch ich mußte in meinem Leben immer Hemmungen überspielen und genau wie bei Stefan macht mich ein gelegentliches Lob eher verlegen, als daß es mich motiviert. Bei Stefan kam noch dazu, daß er immer meinte, er hätte ein Lob gar nicht verdient. Die Leistung, die er dafür erbrachte, schrieb er immer dem Zufall zu.
Neben dem Leistungsdruck in der Schule und unserer Erwartungshaltung bezüglich der Sekundarschule haben wir ihn vielleicht auch zu Hause zu stark gefordert. Es gab eine Zeit, in der wir ihm fast nur noch Fragen stellten: Hast du deine Zähne schon geputzt? Hast du frische Hosen und Socken angezogen? Hast du dich schon gewaschen? Hast du die Hausaufgaben schon gemacht? Wann kommst du nach Hause? Und so weiter. Auch später, als er bereits in der Drogenszene war, haben wir uns oft dabei ertappt, daß wir nur noch Fragen an ihn richteten oder an ihm herumkritisierten: Geh zum Coiffeur! Wasch dir endlich die Haare! Wie siehst du denn aus? Zieh' nicht immer diese Turn-

schuhe an! Ich denke, wir haben ihm damit wirklich das Leben vermiest.

Heutzutage ist es doch kein Problem mehr, wenn junge Leute lange Haare tragen. Aber damals, zu den Beatles- und Rolling Stones-Zeiten, als die lange Haartracht bei den Burschen Mode wurde, gab es Leute, die sich schrecklich darüber aufgeregt haben. Selbst Bekannte unserer Familie haben sich bei uns darüber beschwert, daß Stefan die Haare über die Ohren wachsen ließ; das sei doch einfach eine Schweinerei, sagten sie. Dasselbe galt für die Zeit, als die Jugendlichen damit begannen, nur noch Turnschuhe anzuziehen. Das hatten sie natürlich ihren großen Vorbildern, den bekannten Rockstars, abgeschaut. Jimi Hendrix, Deep Purple, Pink Floyd und wie sie alle hießen – diese Musiker haben doch ausschließlich Turnschuhe getragen, und warum sollten sie es auch nicht. Ich fand daran ebensowenig auszusetzen wie an ihrer Musik. Sie war zwar nicht die meine, aber was soll's. Dasselbe gilt für den oft kritisierten Umstand, daß Stefan nie einen Anzug tragen wollte. Laß doch den Jungen in Ruhe, sagte ich manchmal. Die Jugend von heute ist halt ein bißchen anders als wir es waren, was ist denn schon dabei?

Ich stand mit meiner Meinung oft allein auf weiter Flur. Nicht selten hatte ich das Gefühl, daß man mir insgeheim unterstellte, in bezug auf Stefan gleichgültig zu sein. Zum Beispiel, weil ich ihn nie dazu zwang, anders sein zu müssen, als er es selber wollte. Heute, wo Männer jeden Alters und aus allen sozialen Schichten lange Haare tragen und amerikanische Baseball- oder Turnschuhe geradezu ein Markenzeichen für Eleganz geworden sind, sehe ich mich in meiner damaligen Haltung bestätigt. Ich bin überzeugt, richtig gehandelt zu haben. Freilich, ich weiß, Stefan nützt das jetzt nichts mehr. Der Druck von Schule und Umwelt auf sein ‹Anderssein› war einfach zu groß und ich will mich diesbezüglich auch nicht ausschließen. Auch ich habe, dem Druck der Außenstehenden nachgebend, Stefan zu oft gesagt: Laß dir doch endlich die Haare schneiden oder zieh' etwas anderes an. Wenn ich das Rad der Zeit zurückdrehen könnte, würde ich diesbezüglich einiges anders machen. Ich würde versuchen, diplomatischer zu sein und alles zu vermeiden, was einen jungen Menschen in seinem Selbstverständnis verletzen oder beleidigen könnte. Daß sich Stefan immer mehr in sich zurückzog, sich von uns abkapselte und nach einer eigenen Welt zu suchen begann, ist für mich heute kein Rätsel mehr. Wir tragen alle Schuld an seinem Tod; alle, die ihn mit verbaler Gewalt zu ändern versucht haben. Wir drängten ihn geradezu in seine selbstgewählte Einsamkeit, unwissend, daß wir dadurch vielleicht das Fundament legten, auf dem er schließlich seine Traumwelt, und damit verbunden seine Flucht in die wirklichkeitsfremde Welt der Drogen, aufzubauen begann.

Ich will damit nicht behaupten, daß dies allein die ausschlaggebenden Gründe für Stefans Einstieg in die Drogenszene waren. Zehntausende von anderen Jugendlichen in seinem Alter sind mit den gleichen Problemen aufgewachsen und dennoch rechtschaffene Menschen und Berufsleute geworden. Daß es mit Stefan so weit kam, schreibe ich einer Verkettung von gesellschaftsbezogenen Umständen, seinem äusserst sensiblen, vielleicht sogar labilen Charakter sowie den Eigengesetzlichkeiten jener Maschinerie zu, in die Stefan kam wie ein Hund zum Tritt: in die Mühle der Behörden, der Justiz, der Jugendanwaltschaft.

Stefans Drogentod war nichts anderes als das Ende einer Kettenreaktion. Das erste Glied dieser Kette war wahrscheinlich unser Verhalten ihm gegenüber, das zweite der Leistungsdruck in der Schule, das dritte das Unvermögen und Unverständnis der Gesellschaft und Umwelt in bezug auf die Lebensart und Lebensauffassung der Jugendlichen in den sechziger Jahren, und das vierte ein dummer Bubenstreich, der ihn erstmals mit dem Gesetz in Konflikt brachte und ihn mit jenem Attribut abstempelte, das einen immer wieder einholt und von dem man praktisch ein Leben lang kaum wieder loskommt: Jener Vermerk, der bei unzähligen Menschen oft haften bleibt wie ein Kainsmal; ein Stigma, an dem schon Tausende gescheitert sind. Ich meine damit den aktenkundigen Vermerk ‹vorbestraft›. Stefan erhielt ihn aufgrund eines Jugendstreichs, über den man sich heute kaum noch aufregen würde.»

Der Jugendstreich

«Ich habe nackte Frauen gesehen», sagte Daniel.
«Du spinnst», erwiderte Paco.
«Das glaub' ich dir nicht», erklärte Stefan.
«Es ist mir egal, was ihr glaubt oder nicht, jedenfalls habe ich sie gesehen. Mindestens ein Dutzend. Der Italiener hat sie mir gezeigt. Gino hat ein ganzes Heft mit Fotos von nackten Frauen. Er hält es in der Baubaracke hinter dem Eisschrank versteckt. Holt es doch, wenn ihr mir nicht glaubt.»
«Erzähl' keinen Scheiß» wiederholte Paco.
«Wehe, wenn du uns verkohlst», drohte Gery, der bis jetzt ruhig zugehört hatte.
«Ehrlich», wiederholte Daniel, «ich sage euch die Wahrheit. Wenn ihr wollt, kommt mit.»
«Ich bin dabei», sagte Stefan.
«Ich auch», sagte Paco. «Am besten gehen wir nach der Sportstunde vorbei», schlug er vor. «Kommst du mit, Fredy?»
«Ich weiß nicht», zögerte Fredy. «Nachtsüber ist doch die Baracke verschlossen.»
«Eine Kleinigkeit», meinte Paco. «Das Schloß öffne ich mit einem verrosteten Nagel.»
«Überhaupt kein Problem», pflichtete Stefan bei. «Aber wenn Dani einen Scheiß erzählt hat, legen wir ihn flach. Los, Fredy, sei kein Spielverderber.»
«Und wenn jemand etwas merkt?» gab Fredy zu bedenken. «Wir können ja in der großen Pause hingehen und Gino selber fragen. Er zeigt uns das Heft bestimmt.»
«Kommt nicht in Frage», beharrte Stefan. «Wir klauen ihm das Heft. Was glaubst du, wie er sich aufregen wird.»
«Also, wenn ihr meint und alle mitmacht, dann bin ich auch dabei», willigte Fredy schließlich ein. «Aber wenn es Ärger gibt, weiß ich von nichts.»

«Nur keine Angst», sagte Paco. «Wir kriegen das schon hin. Wäre doch gelacht, oder?»
«Bist du wirklich sicher?» fragte Stefan Daniel nochmals. «Oder hast du nur geträumt?»
«Ehrenwort», beteuerte Daniel, «ich schwöre es.»
«Gut», sagte Stefan, «dann kommst du mit. Du zeigst uns den genauen Platz.»
«Und wenn uns jemand erwischt?»
«Wir lassen uns eben nicht erwischen, klar?»
«Wenn du meinst...»
«Also, Leute», sagte Stefan, «bis heute Abend. Wir treffen uns nach der Sportstunde beim Velokeller.»

Bereits seit anderthalb Jahren wurde am neuen Realschulhaus von Awyl gebaut. Der Neubau stand an diesem Nachmittag des 26. März 1969 rund zwei Monate vor der Vollendung. Die meisten Bauarbeiter waren schon abgezogen. Sie hatten die leerstehenden Baracken größtenteils den Monteuren jener Zulieferfirmen überlassen, die für die Inneneinrichtungen besorgt waren. Die Baubaracke der Firma Ludwig & Co. befand sich nur einen Steinwurf vom Pausenplatz des Allmend-Schulhauses entfernt.
Während der gesamten Bauzeit gehörte das Gelände bei den Schülern zum bevorzugten Tummelplatz. Stefan, Paco, Gery, Daniel und Fredy waren damals alle 15 Jahre alt und besuchten im letzten Schuljahr dieselbe Realschulklasse. Fünf unzertrennliche Freunde, die zusammen durch dick und dünn gingen und den größten Teil ihrer Freizeit miteinander verbrachten. Während der großgewachsene Stefan als ihr starker Anführer auftrat, fiel Paco bei den meisten Streichen die Rolle des Anstifters zu.
Im Gegensatz zu seinen Kollegen verfügte Paco Walder als Einzelkind über eine praktisch uneingeschränkte Freizeit und entsprechende Freiheiten: Niemand befahl ihm, zu dieser oder jener Stunde zu Hause zu sein; er war mehr oder weniger auf sich alleine gestellt. Sein Vater, ein erfolgrei-

cher Geschäftsmann, verbrachte die meiste Zeit in seinem Unternehmen in Zürich. In der Regel kam er jeweils erst nach Mitternacht nach Hause. Seine Vaterpflichten sah er vor allem darin, jedem Wunsch seines Juniors, der mit Geld zu erfüllen war, zu entsprechen.
Pacos Mutter war eine psychisch äußerst sensible Frau, die in jungen Jahren einmal straffällig geworden war und nachher jahrelang unter schweren Depressionen litt. Nachdem sie 1966 in einem Zürcher Warenhaus bei einem Ladendiebstahl ertappt und ein erneutes Strafverfahren gegen sie eingeleitet wurde, beging sie Selbstmord. Ohne einen Abschiedsbrief zu hinterlassen, ertränkte sie sich in der Limmat. Paco, der mit richtigem Namen eigentlich Peter hieß, war damals gerade zwölf Jahre alt.
Fredy Baumann und Gery Koller waren typische Schlüsselkinder. Ihre Väter und Mütter waren beide berufstätig und arbeiteten tagsüber.
Das Familienleben der Baumanns beschränkte sich in erster Linie auf den gemeinsamen Feierabend, den man ausnahmslos vor dem Fernsehapparat zubrachte. An Samstagen wurde das auf Raten gekaufte Familienauto gewaschen und am Sonntag ging's dann meistens über den Klausen- oder Grimselpaß. «Je weiter, desto lieber», erinnert sich Fredy. «Auch im Auto wurde bei solchen Familienausflügen nur selten miteinander gesprochen. Wenn jemand einmal etwas sagte, war es meistens mein Vater, der einem soeben überholten Fahrzeuglenker Arschloch zurief. Die Mutter regte sich in solchen Situationen immer fürchterlich auf und innerhalb kürzester Zeit entstand so unser üblicher Sonntagskrach. Bis ich achtzehn Jahre alt war und von zu Hause auszog, habe ich meine Mutter wohl mehr weinen als lachen gesehen.»
Gery Kollers Eltern lebten in einer zerrütteten Beziehung. Sein Vater, ein äußerlich ruhiger und besonnen scheinender Mensch, ertränkte die Frustrationen seines ungeliebten Berufes als Möbelschreiner regelmäßig in Alkohol. Er starb

an den Folgen einer Leberzirrhose, als Gery in der Rekrutenschule war. «Er besoff sich jeden Abend», erinnert sich Gery an die Zeit, als er noch mit Stefan und seinen Freunden zur Schule ging. «Dabei ging er jedoch nur ganz selten in ein Restaurant. Mit Vorliebe betrank er sich ganz alleine zu Hause. Nach der Schule mußte ich ihm immer das Bier holen. Meine Mutter hat unter seiner Trunksucht schwer gelitten. Ich glaube, er hat sie auch geschlagen, aber gesehen haben wir das nie. In der Regel ließ er seine im Suff ausbrechenden Aggressionen an mir und Susi, meiner jüngeren Schwester, aus. Als er sie eines Abends im Vollrausch als kleine Hure beschimpfte, rannte sie weinend in die Küche und fragte die Mutter: ‹Mami, was ist eine Hure?› Sie war damals etwa zehn Jahre alt und ich mußte über diesen Zwischenfall so wahnsinnig lachen, daß mir der Alte eine runterhaute.

Die Trunksucht meines Vaters brachte mir allerdings auch Vorteile: Je mehr er nämlich soff, um so müder wurde er. Wenn er jeweils gegen halb zehn Uhr ins Bett gegangen war, konnte ich die Wohnung ungehindert wieder verlassen, denn ich wußte, daß ihn bis zum nächsten Morgen nicht einmal eine Atomexplosion aus dem Schlaf wecken konnte.»

Daniel Egli, von seiner Statur her der Kleinste in Awyls jugendlicher Fünferbande, war in seiner Familie das älteste von vier Kindern. «Seine Eltern», erinnert sich Paco Walder, «kümmerten sich nicht groß um ihn. Sein Vater war ebenfalls ein tüchtiger Geschäftsmann. Er besaß in Zürich eine Großgarage mit Tankstelle und fuhr immer die neuesten Sportwagen. Später habe ich einmal von Daniels Mutter, die heute geschieden ist, erfahren, daß ihr Ex-Mann damals eine junge Freundin hatte und nur noch selten zu Hause war. Für Dani war jedoch sein Vater immer das große Vorbild. Er prahlte oft mit ihm. Noch heute höre ich ihn sagen: ‹Eines Tages werde ich so wie mein Vater.› Aber wie gesagt, er hatte von seinem Alten nicht sehr viel. Dani war ein Mensch, der bei uns jene Anerkennung und Zuneigung such-

te, die er von seinem Vater nicht erhielt. Für uns war er dadurch ein williges Instrument. Stefan beispielsweise konnte ihm jeden Blödsinn auftragen, Dani tat alles für ihn. Für Dani war Stefan so etwas wie ein großer Bruder, zu dem er aufschauen konnte. Er bewunderte ihn maßlos.»
«In unserer Gruppe», bestätigt Fredy Baumann, «war Dani eher ein Mitläufer. Er war das genaue Gegenteil von Stefan: scheu, zurückgezogen, vorsichtig. Aber im Grunde seines Herzens wünschte er wahrscheinlich, so zu sein wie Stefan. Für Dani war Stefan überall der Größte: im Handball, im Fußball oder im Schach, das Dani ebenfalls gerne spielte. Es machte ihm überhaupt nichts aus, daß er gegen Stefan immer verlor. Für Dani war es bereits eine Anerkennung, wenn Stefan mit ihm spielte. Dani war voll von Minderwertigkeitskomplexen. Allerdings: Als Gleichaltrige haben wir das damals natürlich nicht gemerkt. Für uns war er einfach ein patenter Typ, der für jeden Schabernack zu haben war.»

«Am Abend des 26. März 1969», hält der Strafbefehl Nr. 244/69 der Jugendanwaltschaft des Bezirks Zürich fest, «drang Stefan Amann mit seinen Kollegen Peter Walder, Gery Koller, Daniel Egli und Fredy Baumann in die verschlossene Baubaracke der Firma Ludwig & Co. in Awyl ein. Die Burschen öffneten das Vorlegeschloß gewaltsam mit einer Gerüstklammer und verursachten dadurch einen Sachschaden von ca. 20 Franken. Sie schauten sich in der Baracke um und verließen sie wieder, ohne etwas mitgenommen zu haben.»

«Es war eine völlige Pleite», erinnert sich Paco. «Ginos Heft mit den Abbildungen von nackten Frauen, die Dani gesehen haben wollte, war unauffindbar. Wahrscheinlich hatte es Gino nach Feierabend mitgenommen.
Wir standen da wie die Hornochsen, machten Dani Vorwürfe und beschimpften ihn. Er bekam es dermaßen mit der

Angst zu tun, daß er plötzlich in die Hosen schiß. Es war ja auch das erstemal, daß wir, wenn auch nur aus jugendlicher Neugier, etwas Verbotenes zu sehen, regelrecht eingebrochen waren.

‹Wenn du scheißen mußt›, befahl ich Dani, ‹dann zieh' wenigstens deine Hosen aus.› Auch die anderen fanden das eine gelungene Idee, und wir zwangen ihn, die Hosen runterzulassen und vor dem Kühlschrank abzudrücken. Er tat es ohne große Widerrede und fand es am Schluß sogar selbst lustig.

Da der Kühlschrank verschlossen war, verließen wir die Baracke wieder. Stefan versuchte, das Vorhängeschloß wieder zu befestigen, aber ohne Erfolg. Wir hatten es beim Abschlagen mit einem Gerüsthaken zu stark beschädigt.»

«Der Erkennungsdienst», so wurde im polizeilichen Tatbestandsprotokoll vom 3. April 1969 vermerkt, «konnte keine auswertbaren Spuren sichern. Im Mannschaftsraum hatte ein Wüstling noch eine ‹Darmentleerung› vorgenommen.»

«Wer auf die Idee gekommen ist, nochmals in die Baracke einzubrechen, weiß ich nicht mehr», gab Stefan Amann am 7. April 1969 um 20 Uhr 30 anläßlich seiner Vernehmung durch die Kantonspolizei Zürich zu Protokoll. Am Abend jenes Tages wurden die fünf Jugendlichen in flagranti dabei ertappt, wie sie zum vierten Mal in die Baracke einbrechen wollten.

Während ihre letzten beiden Einbrüche, die am 28. und 31. März 1969 stattfanden, dem Inhalt des Kühlschranks gegolten hatten (insgesamt entwendeten sie eine Flasche Bier, eine Literflasche Orangina und 5 Päcklein Zigaretten), suchten Stefan und seine Kollegen diesmal nach einem geeigneten Werkzeug:

«Heute Montag», gab Stefan zu Protokoll, «habe ich das Mittagessen bei meinem Kollegen Gery Koller eingenommen. Nach dem Essen fuhren wir zusammen mit Paco Walder und Fredy Baumann zu den Fußballplätzen, um zu spielen. Gegen 18 Uhr 15 stießen auch Gery Koller und Daniel Egli zu uns. Gery fragte mich, ob er mein Moped haben könne. Ich lehnte ab, ließ ihn jedoch auf dem Gepäckträger aufsitzen. Wir fuhren langsam gegen die Baustelle des Realschulhauses. Die anderen Kollegen liefen neben uns auf dem Trottoir. Auf dem Weg löste sich plötzlich die hintere Halterung am Auspuffrohr des Mopeds. Zuerst wollte ich nach Hause fahren, um die Reparatur vorzunehmen. Dann kam ich aber auf die Idee, auf der Baustelle Nachschau zu halten, ob wir eine Zange oder sonst ein geeignetes Werkzeug finden konnten, um die Halterung zu reparieren. Ohne Erfolg. So blieb uns nur noch die Möglichkeit, in der Baracke nachzuschauen. Fredy schlug mit einer Axt auf das Vorhängeschloß. Es löste sich aber nicht ganz, weshalb ich selbst nochmals draufschlug. Dann betraten wir die Baracke. Ich wollte gerade eine Zange ergreifen, als der Polizist, Herr Mahler, in die Baracke hereinkam. Wir hatten wirklich nichts entwenden wollen. Wir hatten nur ein Werkzeug gesucht, um mein Moped zu reparieren.»

«Ich fiel aus allen Wolken», erinnert sich Stefans Vater an den Tag, als Stefan verhaftet wurde. «Gegen 19 Uhr erhielt ich den Anruf der Kantonspolizei. Stefan, so hieß es, sei zusammen mit seinen Kollegen bei einem Einbruch erwischt worden, und wir Väter seien gebeten, ebenfalls bei der Polizei zu erscheinen. Ich machte mich sofort auf den Weg. Als ich auf dem Polizeiposten eintraf, waren die Väter der anderen bereits anwesend. Man setzte uns kurz über die Vorfälle in Kenntnis. Auf meinen Einwand, daß es sich hier doch um einen mehr oder weniger harmlosen Bubenstreich handle, erklärte ein Polizeibeamter: ‹Immerhin haben die Buben die Türen aufgebrochen! Abgesehen davon liegt von der Firma Ludwig & Co. eine Anzeige vor.›
Auch die anderen Väter regten sich über diese Lappalie auf. ‹Am besten›, sagte Fredys Vater, ‹versohlen sie den Buben den Arsch. Damit hat es sich dann.›

‹Wir sprechen zu Hause noch darüber›, drohte Pacos Vater. Daniels Vater meinte allen Ernstes: ‹Ich schlage vor, die behalten die Buben für eine Nacht hier. Das wird ihnen eine Lehre sein!'
Die Beamten ließen sich nicht überreden. Jeder einzelne von uns wurde einvernommen und von allen Aussagen ein ausführliches Protokoll erstellt, das wir unterschreiben mußten. Zum erstenmal erhielt ich einen Begriff davon, was es heißt, wenn man mit den Behörden zu tun hat.»

Am 27. November 1969 erließ die Jugendanwaltschaft des Bezirks Zürich folgendes Urteil:
«Stefan Amann ist fehlbar des wiederholten Diebstahls von Sachen im Sinne von Art. 137 Ziff. 1 StGB im Gesamtdeliktsbetrag von Fr. 88.70, des wiederholten Hausfriedensbruchs im Sinne von Art. 186 StGB und der wiederholten Sachbeschädigung im Sinne von Art. 145 StGB Abs. 1 im Betrag von ca. Fr. 75.-, und in Anwendung von Art. 95 StGB, Art. 47 Ziff. 2. EG StGB wird erkannt:
1. *Stefan Amann wird mit 7 Tagen Einschließung bestraft.*
2. *Der Vollzug der Strafe wird bedingt aufgehoben unter Ansetzung einer Bewährungsfrist von 1 Jahr. Für die gleiche Zeit wird der Angeschuldigte unter Schutzaufsicht gestellt.*
3. *Die Kosten von Fr. 51.30 werden dem Angeschuldigten auferlegt.»*

Vierzehn Jahre später mit ihrem damaligen Urteil konfrontiert, konnte Jugendanwältin Madeleine Marty, die 1969 Stefans Strafbefehl ausgestellt hatte, beinahe nicht glauben, die seltene Strafe der «Einschließung» überhaupt ausgesprochen zu haben. Als frischgebackene Jugendanwältin war sie damals erst kurz im Amt.
«Für ein solches Delikt gäbe es heute mit Sicherheit keine Einschließung mehr», erklärt sie. «Heute werden auch keine Protokolle mehr über die Gespräche mit den Eltern er-

stellt; man begnügt sich mit Aktennotiz. Wenn ich Stefans Fall heute nochmals beurteilen müßte, würde ich mich wahrscheinlich für eine Erziehungshilfe entschließen oder ihn während fünf Tagen körperlich streng arbeiten lassen.»
«Die Einschließungsstrafe ist eine sogenannt schwere Strafe», erklärt der Zürcher Jugendanwalt Paul Däster. Er hatte 1971, also zwei Jahre später, gegen Stefan ermittelt. Dabei fiel ihm zwangsläufig das 76seitige(!) Aktendossier, das über die Barackeneinbrüche erstellt worden war, in die Hand. «Die Einschließungsstrafe», so Däster, «wurde damals noch im Strafregister eingetragen. Ich kann deshalb nicht ganz ausschließen, daß dieser Strafe für Stefans späteres Leben, zumindest von der Symptomatik her, eine gewisse Bedeutung zukommt.»

In der Tat ist Stefan Amann von dieser zumindest inoffiziell unauslöschbaren Vorstrafe in späteren Jahren immer wieder eingeholt worden.
1969 machte die siebentägige Einschließung keinen besonderen Eindruck auf ihn. «Er nahm die Strafe, zumal sie bedingt ausgesprochen worden war, ziemlich gelassen auf», erinnert sich sein Vater. «Und da ich diese Maßnahme selbst als völlig unverhältnismäßig betrachtete, machte ich Stefan auch keine besonderen Vorwürfe. Für mich war diese Affäre ein dummer Jugendstreich, der nicht schlimmer war als das, was ich selbst als Jugendlicher angestellt hatte. Daß man Stefan, wie auch die anderen Beteiligten, zu allem Überfluß noch einer amtlichen Schutzaufsicht unterstellte, empfand ich als eine unerhörte Zumutung. Für mich enthielt diese Maßnahme die behördliche Unterstellung, daß wir Eltern mit unseren Kindern nicht fertig würden.»

Daniel Egli wurde mit seiner Bestrafung nicht fertig. Er erhängte sich einige Wochen später unter einer Limmatbrücke. Sein Tod traf Stefan schwer. «Irgendwie», so Paco Walder, «fühlte er sich an seinem Tod mitverantwortlich.

Als Dani beerdigt wurde, weinte Stefan wie ein kleines Kind. ‹Wir haben ihn nur ausgenutzt›, sagte Stefan immer wieder. ‹Und das einzige Mal, als er uns wahrscheinlich wirklich gebraucht hätte, waren wir nicht da.›
Noch Jahre später, als wir bereits auf dem Trip waren, sprach Stefan oft von Danis Tod. Manchmal konnte man wirklich meinen, er bilde sich ein, schuld daran gewesen zu sein. Vielleicht war es auch nur seine Lust am Leiden. Stefan hat immer gelitten. Er verstand es unübertrefflich, sich in einen schlechten Zustand oder eine traurige Gemütsverfassung hineinzusteigern.»

Die Bunker-Generation

«Hören Sie auf die Verse der neuen Songs», beschwor der weltberühmte Dirigent und Komponist Leonard Bernstein (u.a. ‹West Side Story›) am 25. April 1967 in der amerikanischen CBS-Fernsehdokumentation ‹Inside Pop – The Rock Revolution› die Zuschauer, «sie haben etwas mitzuteilen. Sie sind Ausdruck des Denkens von Millionen jungen Leuten. Sie drücken deren Empfindungen über viele Themen aus: Bürgerrechte, Entfremdung, Mystizismus, Rauschgift und vor allem Liebe. Ich glaube, dies alles ist Teil eines Umbruchs, der nun schon fünfzig Jahre andauert.»

Leonard Bernsteins Vision erwies sich als realistischer, als wahrscheinlich die meisten gedacht hatten. Der Trend zu diesem Um- und Aufbruch der Jugend in Amerika und Europa zeichnete sich gerade in der Musik schon lange zuvor ab. Bereits 1954, in dem Jahr, als Stefan Amann zur Welt kam, schlug Bill Haley mit seinem «Rock Around The Clock» den Grundakkord zum Takt der nächsten dreißig Jahre an. Zu den ersten, die ihn übernahmen und weiterentwickelten, gehörten Rockmusiker wie Elvis Presley, Chuck Berry, Little Richard, Buddy Holly und Jerry Lee Lewis. Sie alle rockten und rollten sich mit dem neuen Sound in die Herzen von Millionen Jugendlichen in den USA und in Europa und schrieben damit nicht nur Musik-, sondern auch Gesellschaftsgeschichte.

Die junge Generation, sich ihres neuen gesellschaftspolitischen Stellenwertes anfänglich noch kaum bewußt, machte sich bald auf, ihre neue Identität zu entdecken. Als 1962 der unvergleichliche Siegeszug der Beatles begann und Bob Dylans Protest-Songs Millionenauflagen erreichten, orientierten sich bereits Hunderttausende von Jugendlichen an den neugefundenen Idealen von Freiheit, Autonomie und Selbstbestimmung. Während die neuen Rockstars nur davon sangen (und Millionen verdienten), wurde die Kritik an der bürgerlichen Gesellschaft zum Markenzeichen der «neuen Generation».

Anders sein als alle anderen, hieß der Leitspruch. Anders sein, vor allem als die Erwachsenen. Dieses grundsätzliche Anders-sein-Wollen als die glatte, geschleckte Deodorant- und Air-condition-Zivilisation motivierte den großen Treck der Kinder von Marx und Coca-Cola. Sie stürzten sich in Kaftans und Saris, afghanische Felljacken, Indianerwämser, bunte Phantasiekleider, Jeans und T-Shirts, aber auch in einen von Haschwolken und Drogenphantasien durchwabberten Underground. «In» war, wer dagegen war und diesen Protest auch optisch umsetzte. In der Kleidung als Standessymbol ebenso wie auf dem Kopf: Lange Haare gehörten zur neuen Uniform in Zivil. An entsprechenden Vorbildern und Vorreitern fehlte es auf der musikalischen Politbühne nicht. Die jungen Popmusik-Rebellen wie die Rolling Stones, Janis Joplin, Santana, Animals, Jimi Hendrix und wie sie alle hießen, verunsicherten und veränderten zugleich. Nicht nur die Musikbranche, sondern auch jenen Teil der bürgerlichen Gesellschaft, der ohnehin nicht dazu gehörte. «Trau keinem über dreißig», warnte wegweisend Mick Jagger sein Fuß- und Fanvolk.

Der sinnlose Krieg in Vietnam, die Massenmorde in Pakistan und der Genozid an den Biharis in Bangladesh wurden ihrerseits zu Katalysatoren der jugendlichen Kritik am vorherrschenden System der Konsumgesellschaft. Die Rock- und Protestmusik, mit der sich eine ganze Generation junger Leute identifizierte, diente jedoch nicht nur dazu, Gesellschaftskritik zu üben, durch sie wurde auch Kommunikation hergestellt und das neue Selbstverständnis manifestiert: «Make Love Not War» wurde zum Leitspruch, «Flower-Power» zum friedlichen Schlachtgesang.

Doch der vermeintlich neugefundene Lebensinhalt dieser neuen Generation entpuppte sich bei vielen Jugendlichen und jungen Erwachsenen zunehmend als innere Leere, die es mit neuen Erwartungen und Hoffnungen auszufüllen galt.

Sogenannt weiche Rauschgifte wie Haschisch, Marihuana und LSD boten sich an als Transporteure in einen neuen Bewußtseinsprozeß, der zur Erweiterung und Erkennung des eigenen Ichs führen sollte. Einmal mehr waren es berühmte Popstars und Rockbands, die musikalisch zum Trip in die neue Seligkeit aufforderten. Der Psychedelic-Sound entstand; «ausflippen» fand Aufnahme in den Wortschatz der jungen Generation. Formationen wie die Beatles, Pink Floyd und Rolling Stones experimentierten mit Marihuana und LSD und Dutzende von anderen bekannten Popstars und Rockgruppen besangen die gemachten Selbsterfahrungen mit Joints, Speed und Tranquilizern.
Im Dunstkreis dieser Einflüsse verbrachten die zwischen 1952 und 1956 Geborenen ihre Pubertätsjahre. Einer von ihnen war Stefan Amann.

Im Anschluß an das legendäre Monster-Popkonzert mit Jimi Hendrix* im Zürcher Hallenstadion kam es im Juni 1968 in der Zürcher Innenstadt zu heftigen Auseinandersetzungen zwischen Jugendlichen und der Polizei. Bereits ein Jahr zuvor, am 14. April 1967, hatten die Schweizer Medien von heftigen Auseinandersetzungen zwischen krawallierenden Jugendlichen und Ordnungshütern zu berichten. Damals war es nach dem Konzert der Rolling Stones zu einer eigentlichen Saalschlacht gekommen.
Die Ursache für den Unmut der Jugendlichen war nicht zuletzt ihre Forderung nach einem längst fälligen Jugendzentrum in der Stadt Zürich. Bereits im April 1967 schlug der Leiter des provisorischen Jugendhauses «Drahtschmiedli» vor, im sogenannten «Globusprovisorium» an der Bahnhofbrücke ein Jugendzentrum zu errichten (das Warenhaus Globus sollte im Herbst 1967 aus dem Proviso-

---

* Der 38jährige Rockgitarrist Jimi Hendrix («Hey Joe») wurde am 18. September 1970 tot in einem Londoner Hotel aufgefunden. Todesursache: Drogen und Alkohol.

rium an der Bahnhofbrücke in einen Neubau übersiedeln). In der Folge entstanden verschiedene Initiativen zugunsten eines neuen Jugendzentrums, doch bis zum Sommer 1968 nahm der Zürcher Stadtrat keine Stellung dazu.

Am 29. Juni 1968 versuchte ein Jugendkomitee, eine Vollversammlung im Globusprovisorium einzuberufen, um eine weniger ultimative Politik gegenüber der Stadt festzulegen, ein Vorhaben, das die Stadtväter indessen verboten. Gleichzeitig erließ die Polizei Weisungen, daß Jugendliche am Eindringen in das leerstehende Gebäude gehindert werden sollten. Damit wurde eine Konfrontation unvermeidlich – es kam zum sogenannten «Globus-Krawall».

Einen Monat später veröffentlichten namhafte Persönlichkeiten das «Zürcher Manifest». Darin wiesen sie auf die Gefahren hin, die aus den behördlichen Reaktionen auf das Verhalten der Jugendlichen resultieren könnten. Die Jugendunruhen wurden als Folge der «Unbeweglichkeit unserer Institutionen» interpretiert.

Genau ein Jahr später, im Juli 1969, unterbreitete eine externe Studienkommission dem Stadtrat Vorschläge für ein Jugendzentrum im Lindenhofbunker*, einer weitläufigen unterirdischen Luftschutzbunkeranlage im Stadtzentrum. Ein weiteres Jahr verging, bis sich der Stadtrat zum Entschluß durchringen konnte, diesen Vorschlag gutzuheißen und das Experiment «Bunker von Zürich» zu wagen. Eine Zehnerkommission, die aus Jugendlichen aller politischen Richtungen bestand, erarbeitete Statuten und ein internes Reglement zuhanden der «Jugend-Vollversammlung», die im Juli 1970 das Städtische Bunkerangebot annahm. Nach dreimonatigen Vorbereitungsarbeiten wurde der Bunker am 30. Oktober 1970 eröffnet.

Am 6. Januar 1971 wurde der Bunker bereits wieder geschlossen. Für immer. Die Zürcher Öffentlichkeit hatte

---

* Der Lindenhofbunker war der Vorläufer des späteren Autonomen Jugendzentrums der Stadt Zürich.

ein autonomes Jugendzentrum genau 68 Tage ertragen. Schon kurz nach der Eröffnung wurden schlagartig neue Probleme sichtbar. Der auflagenstarke «Züri-Leu» schrieb in einem Situationsbericht: «Zuwenig Platz, schlechte Entlüftung und ausgiebiger Haschkonsum schaffen alle Voraussetzungen für den baldigen Abbruch des Unternehmens.»

Die von der Vollversammlung herausgegebene Devise «Hasch ja – Bunker nein» entpuppte sich als eine Illusion. Der im Bunker gegründete Club «Speak-out» sah sich jeden Tag mit immer mehr Drogenfällen konfrontiert. Der bislang kaum wahrgenommene Drogen-Underground in Zürich trat plötzlich ans Tageslicht, die Drogenproblematik gewann an Aktualität wie nie zuvor. Und das mit gutem Grund: Hunderte, wenn nicht Tausende von Jugendlichen, die bislang Haschisch, Marihuana, Speed und LSD nur vom Hörensagen kannten, wurden im Bunker erstmals mit diesen Rauschgiften konfrontiert. Für manche begann hier der Anfang vom Ende einer tödlichen Sucht. Das verharmloste, von Musikzeitschriften geradezu glorifizierte Haschisch wurde im Bunker bei unzähligen Jugendlichen zur Einstiegsdroge Nr. 1. Und viele, die bereits Erfahrungen damit gesammelt hatten, setzten sich hier den ersten Schuß Heroin.

Der Anfang vom Ende

Als Stefan Amann am 27. November 1969 für die Baubaracken-Einbrüche vom vergangenen März verurteilt wurde, hatte er die ersten Drogenerfahrungen bereits hinter sich. Fredy Baumann hat Stefans Anfang vom Ende miterlebt: «In einer der Gemeinde gehörenden, eigentlich zum Abbruch vorgesehenen Liegenschaft in der Nähe des Kirchgemeindehauses wurde im Herbst 1968 in Awyl ein provisorisches Jugendzentrum eröffnet. Mit dieser Maßnahme reagierte die Gemeindebehörde auf den von verschiedenen Seiten immer stärker gewordenen Ruf nach einem Jugendhaus im Dorf. Für die Schüler und Lehrlinge, die sich für dieses Projekt, das man schließlich ‹auf Zusehen hin› bewilligte, eingesetzt hatten, wurde das Jugendzentrum innert kürzester Zeit zu einem beliebten Treffpunkt.

Mit Stefan und Paco an der Spitze verbrachten auch Gery, ich und einige andere Kollegen aus unserem Schulhaus fast jeden Abend im Jugendzentrum. Da wir nur noch wenige Schulwochen vor uns hatten, waren wir, zumindest unter den im Zentrum verkehrenden Schülern, die Ältesten. Aufgrund dieses Umstandes nahmen wir für uns nicht nur besondere Privilegien in Anspruch, sondern verhielten uns auch entsprechend. Schon kurz nach der Eröffnung gaben wir im Jugendhaus den Ton an. Vor allem die jüngeren Besucher hatten sich mehrheitlich nach unseren Wünschen zu richten. Wir bestimmten auch, wer in unseren Kreis aufgenommen wurde oder wer nicht ins Konzept paßte.

Einer Kontrolle durch Lehrer oder Eltern unterlagen wir im Jugendhaus nur selten. Wir konnten mehr oder weniger tun und lassen, was uns gerade Spaß machte. Unseren Alten genügte zu wissen, wo wir unsere Freizeit verbrachten. Über das Wie machten sich wahrscheinlich nur die wenigsten Gedanken.

Schon nach kurzer Zeit erhielt das Jugendzentrum einen zweifelhaften Ruf. Da langhaarige Freaks und Ausgeflippte zu den regelmäßigsten Besuchern gehörten, war das Jugendhaus in den Augen vieler Erwachsenen bald als Sündenbabel der Gammler und Hippies verschrien. Zum verrufenen Image trug auch bei, daß in jenem Jahr die junge Generation bei der Erwachsenenwelt ohnehin nicht besonders hoch im Kurs stand. Aus vielen Großstädten hörte man von den Jugendunruhen und Studentendemonstrationen, und bald an jeder Straßenecke war die Rede von der verlausten Beatgeneration, die nur zwei Dinge im Kopf habe: Popmusik und Drogen.
Natürlich hörten wir im Jugendzentrum vornehmlich Rock- und Popmusik. In Lautstärken, die zu Hause unmöglich gewesen wären. Das Herzstück unseres Jugendhauses war eine Diskothek. Jeden Abend spulten wir unsere Lieblingsplatten ab, flippten aus und tanzten.
Im Jugendhaus konnten wir aber auch mit Gleichgesinnten über Gott und die Welt diskutieren, über unsere Probleme mit den Eltern sprechen oder Kontakte zu Lehrlingen und Studenten knüpfen, die aus Zürich zu uns kamen. Das Jugendhaus war aber auch ein geeigneter Ort, um mit Mädchen die ersten sexuellen Erfahrungen zu machen.
Drogen waren von allem Anfang an dabei. Zunächst waren es Freaks aus Zürich, die regelmäßig Hasch, Marihuana oder Speed mitbrachten. Viele unter uns waren ganz versessen darauf, eigene Erfahrungen mit Stoff zu machen. Und da die meisten ohnehin bereits rauchten, brauchte es keine Überredungskünste, bis der Schritt zum ersten Joint oder Pfeifchen getan war.
Über die psychischen Auswirkungen von Haschisch und Marihuana erzählte man sich die abenteuerlichsten Geschichten. Die erfahrenen Freaks törnten uns mit ihren Schilderungen dermaßen an, daß kaum einer widerstehen konnte. Fast jeder wollte früher oder später selber einmal erleben, wie das nun ist, wenn man mit harter Rockmusik und

weichen Joints ins Blumenland verreist. In der Schule warnte man uns immer wieder vor dem Drogengenuß. Das machte die Sache nur noch interessanter und steigerte unsere ohnehin schon vorhandene Neugier.
Über die Gefährlichkeit von weichen Drogen oder über eine mögliche Abhängigkeit von Hablis oder Marihuana entstanden unter uns keine großen Diskussionen. Zwar gab es auch im Jugendhaus vereinzelte Gegner, doch für die Mehrheit stand fest, daß weiche Rauschgifte ungefährlich sind. Wer daran Zweifel hatte, galt als unaufgeklärter Knacker und hatte in unseren Reihen nicht viel verloren. Nur wer schon Erfahrungen mit Heu oder Speed gemacht hatte, galt als ‹in› und war ‹dabei›.
Joints und Pfeifchen machten fast jeden Abend die Runde. Dafür, woher der Stoff kam, interessierten wir uns solange nicht, als wir kaum dafür zu bezahlen brauchten. In unseren Augen waren die Zubringer die Größten. Sie hatten den totalen Durchblick.
Die ersten Deals wurden schon wenige Tage nach der Eröffnung getätigt. Stefan, Paco und viele andere, zu denen auch ich gehörte, fuhren in kürzester Zeit voll auf den Shit ab. Unser Taschengeld für den Ankauf war zwar knapp, doch an guten Tips, wie man in Zürich auch ohne viel Geld an den Stoff herankam, fehlte es nicht. Fast jeder, der Shit ins Jugendhaus brachte, kannte den Namen eines Freaks im Zürcher Niederdorf oder an der ‹Riviera›, der Hasch verkaufte oder Bestellungen entgegennahm. Dieser wiederum beschaffte sich den Stoff bei einem Unterlieferanten, der seinerseits über Beziehungen im Drogenmilieu verfügte. Die Beschaffung glich einer Kette, deren letztes Glied meistens unbekannt blieb. Solange genügend Stoff in der Szene vorhanden war, interessierten wir uns jedoch nicht für solche hintergründige Details.
Die beste Möglichkeit, Stoff für den Eigengebrauch zu finanzieren, bestand darin, größere Mengen in Kommission zu nehmen. Unsere Kontaktleute brachten für solche Deals

Haschplatten zu 30 bis 50 Gramm mit, die je nach Herkunftsland, Qualität und Marktlage ihre entsprechenden Preise hatten. Anstatt sofort zu bezahlen, vereinbarten wir Stichtage, an denen die getätigten Abnahmen bezahlt werden mußten. In der Zwischenzeit teilten wir den Stoff in kleinere Portionen auf und begannen, den Shit grammweise im Jugendhaus zu verkaufen. Die so zusammenkommenden Beträge waren nicht nur höher als diejenigen, die von uns schließlich bezahlt werden mußten; diese Form des Dealings brachte auch den Vorteil, immer genügend Shit für unseren Eigenbedarf vorrätig zu haben.
An Abnehmerinnen und Abnehmern fehlte es nicht. Unsere Runde um Stefan und Paco war immer für ein Busineß gut. Das sprach sich auch in der Szene schnell herum. Selbst von weit entlegenen Dörfern kamen Freaks nach Awyl ins Jugendhaus, um sich bei uns mit Shit einzudecken. Das einzige Problem bestand lediglich darin, den Shit immer so gut versteckt zu halten, daß ihn weder im Jugendzentrum noch zu Hause jemand finden konnte. Stefan machte sich deswegen keine Sorgen: ‹In meiner Loge›, sagte er, ‹ist die Sache sicher.›
Natürlich blieb weder den Schulbehörden noch der Gemeindepolizei von Awyl verborgen, daß im Jugendhaus Hasch geraucht und Trips eingeworfen wurden. Zu zahlreich waren die Mitwisser, zu breit gestreut die umlaufenden Gerüchte. Gelegentlich durchgeführte Kontrollen brachten jedoch nichts an den Tag. Wohl fand man ab und zu eine gestopfte Haschpfeife oder einen halbgerauchten Joint, doch weder Benützer noch Besitzer konnten ermittelt werden. Wir haben uns nach solchen Checks immer halb tot gelacht.»

Der Inhalt der Leere

Die Eltern vermuten, daß Stefan im Awyler Jugendhaus erstmals mit Drogen in Berührung kam. «Im Dorf wurde natürlich viel geschwatzt», erinnert sich Inge Amann. «Aber wir hielten nicht sehr viel von diesen Gerüchten. Wir wußten auch so, daß Stefan und seine Freunde in Verruf standen und als Personifizierung des Verdorbenseins schlechthin galten. Mit ihren Streichen boten sie auch hinlänglich Anlaß dazu. Wenn wir Stefan darauf ansprachen, ob im Jugendhaus Haschisch geraucht werde, sagte er nur: ‹Was ist denn schon dabei? Du schluckst jeden Tag Saridon und Albert trinkt zuviel Whisky. Das sind auch Drogen und im Gegensatz zu einem Joint erst noch schädliche. Und überhaupt: Ihr müßt keine Angst haben, ich passe schon auf.›
Weitaus größere Sorgen als um Stefans Aktivitäten im Jugendhaus machten wir uns damals um seine berufliche Zukunft. Er stand kurz vor der Schulentlassung und hatte noch immer nicht die geringste Ahnung, was aus ihm werden sollte. Außerdem war sein letztes Zeugnis nicht gerade dazu angetan, einen begeisterten Lehrmeister zu finden.
Während des letzten Schulquartals hatte sich Stefan überhaupt nicht mehr angestrengt. Mit Ausnahme des Turnens gingen seine Leistungen in allen Fächern stark zurück. ‹Mir stinkt alles›, war seine Standardantwort auf die Frage, was nach der Schule aus ihm werden solle. ‹Ich weiß nur eines›, sagte er, ‹so wie ihr möchte ich unter keinen Umständen werden. Den ganzen Tag schuften, um am Abend nicht einmal zu wissen, was man getan hat. Nein danke, ohne mich.›
In den Wochen nach der Eröffnung des Jugendhauses bemerkten wir bei Stefan eine eigenartige Wandlung. Er ließ seine Haare schulterlang wachsen und wurde in seiner Kleidung immer nachlässiger. Albert schrieb das jenem neumodischen Trend zu, der sich bei den Jugendlichen immer mehr ausgebreitet hatte. Obwohl wir uns innerlich darüber auf-

regten und ihm wiederholt Vorwürfe machten, ließ er sich nicht beeinflussen. Wir kamen einfach nicht an ihn heran. Er hörte nur teilnahmslos zu oder sagte höchstens: ‹Ihr kommt ja ohnehin nicht draus.›
Stefans Lebenseinstellung wurde immer destruktiver. Jeden Vorschlag, den wir ihm in beruflicher Hinsicht unterbreiteten, wischte er vom Tisch. Unsere Sorgen um ihn interessierten ihn so wenig wie seine Zukunft. Allem, was von uns kam, stand er ablehnend oder passiv gegenüber. Ratschläge empfand er als Vorwürfe oder Druckversuche, und nicht selten sagte er: ‹Wenn es euch nicht paßt, suche ich eine andere Loge und ziehe aus!› Es war fast unmöglich, mit ihm ein vernünftiges Wort zu reden. Wenn ich mich über Stefans Verhalten so heftig aufregte, daß ich beinahe die Nerven verlor, versuchte jeweils Albert als ruhiger Pol zu vermitteln. Doch da wir uns über Stefans Erziehung nur selten einigen konnten, endeten solche Diskussionen meistens in einem allgemeinen Familienkrach. Albert goß dann den Ärger mit ein paar Whiskys hinunter, und ich schluckte, um wenigstens nachtsüber meine Ruhe zu haben, Schlaftabletten.»

André Reich, Stefans Reallehrer, diskutierte mit seinen Schülern während der letzten Wochen vor der Schulentlassung über die verschiedensten Berufsmöglichkeiten. «Es war sehr schwierig», erinnert er sich, «Stefan nahezukommen und ihn in ein konstruktives Gespräch zu verwickeln. Er war, wie man so sagt, ein ‹schwieriger Fall›. Erika, seine Schwester, die lange vor ihm ebenfalls einmal eine meiner Klassen besucht hatte, war das genaue Gegenteil: Ein ruhiges, aufgestelltes und lernwilliges Mädchen, das nie Schwierigkeiten hatte und eher etwas introvertiert war. Ihr Berufswunsch stand schon früh fest. Sie wollte Krankenschwester werden, und sie ist es auch geworden.
Über die Schwierigkeiten, die es zu Hause mit ihrem jüngeren Bruder gab, äußerte sich Erika nie. Man sah die beiden

auch nur selten zusammen. An eine Begegnung mag ich mich noch erinnern. Stefan ging damals in die dritte Primarschulklasse. Ich traf ihn auf dem Schulweg zusammen mit Erika und sprach ihn an. Er schimpfte fürchterlich über die Schule, sagte, wie sehr ihm dieser Betrieb ‹stinke› und daß er immer zuviel Hausaufgaben erhalte. In einer Schulpause unterhielt ich mich mit seinem Primarlehrer. Er erzählte mir von den Schwierigkeiten, die er mit Stefan hatte. ‹Man spürt schon›, sagte er, ‹daß es kein Wunschkind war.› Aus den Gesprächen, die ich verschiedentlich mit seiner Mutter führte, ging ihre ablehnende Haltung Stefan gegenüber deutlich hervor. Ich vermutete oft, daß sie diesen Jungen gar nicht hatte haben wollen.
Zu seinem Vater hingegen schien Stefan eine durchaus positive Beziehung zu haben. Nur in bezug auf die Berufsausbildung gingen ihre Ansichten völlig auseinander. Während der Vater vor allem an eine intellektuelle Ausbildung dachte oder zumindest einen, wie er sagte, ‹sauberen Beruf› empfahl, bevorzugte Stefan eine körperlich anstrengende Arbeit. Konkret konnte er sich darunter zwar nichts vorstellen.
An jedem Beruf, den wir ihm vorschlugen, hatte er etwas auszusetzen. Das einzige, was Stefan wirklich interessierte, waren seine Freizeit, seine Freunde, bei denen er der Größte war, sowie Handballspielen und Schach. Doch in dieser Beziehung unterschied er sich nicht wesentlich von einigen seiner Klassenkollegen. Sein Widerwille gegen alles, was aus der Erwachsenenwelt kam, schrieb ich den üblichen Pubertätsproblemen und der allgemeinen Schulmüdigkeit zu. Es war einfach schwierig, ihn zu motivieren. Wir Lehrer diskutierten oft über die Auswirkungen, die das Jugendzentrum in Awyl auf das Verhalten der Schüler hatte. Wir vermuteten, daß dort von allem Anfang an Drogen im Umlauf waren, aber beweisen konnte vorerst niemand etwas. Unter keinen Umständen konnte ich an Stefans regelmäßigen Drogenkonsum glauben. Allerdings: Auch wir

Lehrer wußten damals noch zuwenig über die Konsumgewohnheiten und hatten bezüglich der Auswirkungen von Drogen einen großen Informationsrückstand. Wir bildeten uns mehrheitlich ein, man würde es jemandem ansehen, der Rauschgift nimmt. Daß dem nicht so sein muß, ist vielleicht auch heute noch vielen zuwenig bekannt. Stefan ist ein typisches Beispiel für diese Tatsache.

Obwohl Stefan wie viele Gleichaltrige regelmäßig Zigaretten rauchte, wies er im Handball und bei anderen Sportarten eine hervorragende Kondition auf. Körperlich war er einfach nicht kleinzukriegen. Allein schon dieser Umstand ließ keine schlimmen Vermutungen aufkommen. Erst viel später, als das Jugendzentrum wegen übermäßigem Drogenkonsum geschlossen werden mußte, stellten wir Lehrer fest, wie naiv wir gewesen waren.

Die Affäre mit den Barackeneinbrüchen war für uns keine gravierende Sache, sondern vielmehr ein dummer Bubenstreich. Für die sexuelle Neugier der pubertierenden Schüler, etwas Unzüchtiges zu sehen, hatten wir Verständnis. In Anbetracht von Stefans Verhalten während der Schule und in der Freizeit sagten wir uns aber auch: Einmal mußte es ja soweit kommen! Abgesehen davon war keiner der Beteiligten ein unbescholtener Sonntagsschüler. Die gefällten Strafen empfanden wir dennoch als unverhältnismäßig. Es sah ganz so aus, als wollte man ein abschreckendes Exempel statuieren.»

Stefans erster Versuch, beruflich Fuß zu fassen, scheiterte kläglich. Nach vielen Gesprächen mit seinem Vater hatte er sich entschlossen, Koch zu werden. Wenn auch nicht überglücklich über diesen Entscheid, machte sich Albert Amann daran, eine Lehrstelle für seinen Sohn zu finden. Die Suche verlief ergebnislos: Die offenen Kochlehrstellen in Zürich waren zu diesem Zeitpunkt bereits besetzt. Lediglich in weit entfernten Restaurants und Hotels wären noch Ausbildungsmöglichkeiten offen gewesen. Stefan hätte somit auswärts wohnen müssen, was sein Vater ablehnte: «Dazu war er noch nicht reif genug.»

Albert Amann glaubte schon gar nicht mehr daran, eine Lehrstelle zu finden, da bot sich in der Küche des Zürcher Restaurants «Urania» unverhofft die Möglichkeit zu einer Schnupperlehre an. «Besser als gar nichts», dachte Albert Amann, besprach sich mit dem Küchenchef und vereinbarte für seinen Sohn einen Eintrittstermin.

«Wenn sich Stefan bewährt», stellte der Küchenchef in Aussicht, «kann er im Herbst mit der Ausbildung beginnen.»

Schon nach wenigen Tagen gab Stefan auf: «Das ist nichts für mich.» Und dieser Ansicht war auch der Küchenchef. Telefonisch ließ er Albert Amann wissen: «Es tut mir leid, aber wir können Stefan wirklich nicht gebrauchen. Für diesen Beruf ist Ihr Sohn absolut ungeeignet.»

Unter Strom

Die ersten Wochen nach seinem gescheiterten ersten beruflichen Gehversuch verbrachte Stefan entweder allein zu Hause, wo er jeden Morgen lange ausschlief, in seinem Zimmer Musik hörte, Handballstrategien und Schachzüge studierte, oder in Zürich, wo er oft Kinos besuchte oder sinnige Nachmittage unter den Hippies an der «Riviera» am Limmatquai verbrachte. Das monatliche Taschengeld von 300 Franken, das ihm sein Vater zusteckte, investierte Stefan beinahe restlos in den Ankauf von Haschisch. Nach bewährtem Muster teilte er es in kleine Portionen auf und verkaufte sie am Abend im Awyler Jugendhaus oder an der «Riviera». Seine Kontakte mit den Kameraden aus der ehemaligen Realschulklasse beschränkten sich nur noch auf diese Abende und Wochenenden, die man meistens im Jugendzentrum verbrachte. Paco hatte inzwischen eine Lehre als Gipser begonnen, Fredy ließ sich zum Lithographen ausbilden und Gery hatte eine kaufmännische Lehrstelle angetreten.

Aber auch Stefan blieb nicht untätig. Neben vielen anderen Freaks aus der Zürcher Drogenszene hatte er bei seinen zahlreichen Aufenthalten an der «Riviera» Klaus Fehr kennengelernt. Der 18jährige Klaus besuchte das Freudenberg-Gymnasium und war der einzige Sohn einer ebenso begüterten wie einflußreichen Industriellen-Familie, die in einer Prachtsvilla an der «Goldküste» residierte. Klaus verfügte nicht nur immer über größere Mengen Haschisch, er handelte auch mit Speed und LSD, das er in Pillenform und als beinahe unsichtbare Tropfen auf Löschpapier zum Verkauf anbot:

«Wenn du diese Trips einwirfst, fahren deine Hirnzellen Schlitten», erklärte er Stefan. «Das ist reines Dynamit für den Seelenfrieden; der totale Trip ins Unendliche.»

«Vielleicht checken wir den Stoff einmal bei uns», zögerte Stefan. «Am nächsten Samstag haben wir im Kirch-

gemeindehaus ein Popkonzert mit der ‹Krokodil›-Band organisiert. Am besten kommst du mit den Trips bei uns vorbei. Ich erwarte dich mit meinen Kollegen.»
«Abgemacht», quittierte Klaus. «Das Busineß läuft. Sind auch Weiber dort?»
«Kein Problem», erwiderte Stefan, «alles unter Kontrolle.»

Das Konzert mit Hardy Hepps* bekannter Rockband «Krokodil» fand an einem warmen Samstagabend im August 1969 statt. Stefan hatte den Anlaß zusammen mit Paco, Gery und Fredy organisiert. Schon lange vor Konzertbeginn war der Kirchgemeindesaal in Awyl mit jugendlichen Besuchern überfüllt. Es dauerte nicht lange, bis hinter versteckten Händen die ersten Joints die Runde machten.
«Die Stimmung», erinnert sich Paco, «war total ausgeflippt. Über dem ganzen Saal lag der süßliche Geruch einer Haschwolke. Das Auftreten der ‹Krokodil› hatte viele Freaks aus der Szene mobilisiert; fast jeder stand unter Strom. Als Organisatoren des Konzerts beglückwünschten wir uns gegenseitig zu diesem Erfolg und beschlossen, diese Nacht einen draufzumachen.
Stefan war als King dieser Veranstaltung voll in seinem Element. Die Mädchen himmelten ihn an wie einen Popstar, doch er gab sich ihnen gegenüber sehr cool. Die einzige, die ihn interessierte, war Bea Barbey. Sie war fünfzehn Jahre alt, besuchte die zweite Realklasse in Awyl und gehörte zu den regelmäßigsten Besucherinnen im Jugendhaus. Bea war das hübscheste Mädchen von allen, die hier verkehrten.
Stefan war nicht der einzige, der auf Bea stand. Auch Gery hatte schon lange ein Auge auf sie geworfen. Zwischen ihm und Stefan war es deswegen oft zu Streitereien gekommen.

---

* Hardy Hepp, geb. am 13.5.1944, Sänger, Komponist und Pianist, gehört zur ersten Beat-Generation und ist einer der wichtigsten Schweizer Rock- und Popmusiker.

Die einzige, die sich nichts aus diesen Eifersuchtsszenen machte, war Bea. Sie hatte sich bis zu diesem Abend weder für den einen noch den anderen entscheiden können. Einen nicht unwesentlichen Vorteil aus dem internen Machtkampf der beiden zog sie dennoch: Sowohl von Stefan wie von Gery erhielt sie, wann immer sie wollte, kostenlos Hasch. Um Beas Sympathien zu gewinnen, rollten beide Gratisjoints für sie. Was Stefans Gefühle zu Bea betraf, änderte sich an diesem Abend allerdings einiges.

Bea war zum Krokodil-Konzert nicht alleine gekommen. In ihrer Begleitung befand sich ein zierliches, rothaariges Mädchen, das wir noch nie gesehen hatten. Bea stellt sie als ihre neue Freundin vor. Sie hieß Lisa Rossi. Zusammen mit ihren Eltern wohnte sie erst seit kurzer Zeit in Awyl.
Stefan fuhr vom ersten Augenblick an auf Lisa ab. ‹Auch nicht schlecht, die Kleine›, hörte ich ihn mit einem unmißverständlichen Seitenblick auf Lisa sagen. ‹Ich glaube, heute abend läuft etwas!›
Zu dieser Annahme hatte er berechtigten Grund: Auch Lisa schien sofort Gefallen an Stefan zu finden. Sie wich praktisch nicht mehr von seiner Seite. Lisa war zwar nicht so hübsch wie Bea, dafür äußerst sexy angezogen: knallenge Jeans und verwaschenes T-Shirt, das ihren Bauchnabel freigab. Es war offensichtlich, daß sie darunter keinen BH trug.
Kurz vor Konzertbeginn tauchte plötzlich ein ziemlich verlauster Typ auf, den bis auf Stefan noch nie jemand bei uns gesehen hatte. Stefan lief sofort auf ihn zu und begrüßte ihn so überschwenglich wie einen alten Bekannten.
‹Das ist Klaus›, stellte er uns seinen neuen Freund vor. ‹Na, wie läuft's? Hast du etwas dabei?› Wir wußten sofort, was Stefan damit meinte.
‹Alles klar›, erwiderte Klaus lächelnd und stellte mit einem prüfenden Blick durch den Saal fest: ‹Genau das richtige Feeling hier. Aber wir warten noch bis nach dem Konzert.

Hier ist die Sache zu heiß. Hat jemand eine freie Loge?›
‹Meine Bude ist heute sturmfrei›, bemerkte Fredy. ‹Meine Alten sind nicht zu Hause; wir können nachher zu mir.›
‹Und wann kommen sie zurück?› wollte Klaus wissen.
‹Überhaupt nicht›, entgegnete Fredy. ‹Mein Alter hat sich ein neues Auto gekauft und will übers Wochenende einen neuen Weltrekord im Pässefahren aufstellen. Sie sind heute früh losgefahren und wollen irgendwo im Wallis übernachten. Jedenfalls kommen sie erst am Sonntagabend zurück.›
‹Die Sache ist geritzt›, sagte Klaus. ‹Wir checken das Dope bei dir.›
‹Klaus blickt total durch›, flüsterte uns Stefan zu. ‹Er hat LSD dabei – heute gehen wir auf den totalen Trip.›
Für einmal konnten wir es kaum erwarten, bis das Konzert zu Ende war. Als wir uns gegen Mitternacht auf die Mopeds setzten, waren alle bereits ziemlich verladen. Bea und ihre Freundin Lisa kamen ebenfalls mit. Während sich Bea bei Gery hinten aufs Moped setzte, fuhr Lisa zusammen mit Stefan. Die beiden hatten den ganzen Abend hinter der Bühne gepafft, geschmust und Händchen gehalten. Sie taten unheimlich verliebt. Ich glaubte zunächst, Stefan wolle damit nur Bea eifersüchtig machen. Doch sie war so sehr mit Gery beschäftigt, daß ihr Stefans Verhalten gar nicht auffiel.
Bei Fredy zu Hause zogen wir uns sofort in sein Zimmer zurück. Während Stefan ein Heupfeifchen stopfte, entzündete Fredy indische Räucherstäbchen und legte eine Schallplatte der ‹Golden Earring› auf. Diese holländische Popgruppe mit ihrem Psychedelic-Sound stand damals hoch im Kurs. Das Pfeifchen machte die Runde.
Gery, Bea und Klaus streckten sich auf dem Teppich aus und hörten mit geschlossenen Augen dem Sound zu. Fredy und ich versuchten, auf dem Boden liegend, auszurasten. Stefan und Lisa hatten es sich auf Fredys Bett gemütlich gemacht: Mit geschlossenen Augen lagen sie engumschlungen nebeneinander.

‹Ich gehe auf die Reise›, sagte Klaus nach einiger Zeit. ‹Wer kommt mit?› Aus einem Glasröhrchen nahm er kleine rosarote Pillen und bot sie uns an.
‹Was geschieht dann?› wollte Gery wissen.
‹Arschloch›, regte sich Klaus auf. ‹Dann laß es eben sein.›
‹Na, was ist denn?› forderte ich Gery auf. ‹Scheiß doch nicht gleich in die Hosen.›
‹Wer nicht mitmacht, haut am besten ab›, drohte Klaus und stand auf. ‹Oder vielleicht ist es besser, wenn ich mich verziehe. Ich bin doch hier nicht in einem Kindergarten.›
‹Gib schon her›, meldete sich Stefan. ‹Man muß doch alles einmal ausprobiert haben. Ist doch nichts dabei.›
‹Ich mache mit›, lenkte Fredy ein und nahm ebenfalls eine Pille.
Die einzige, die sich weigerte, LSD einzuwerfen, war Lisa. ‹Ich möchte nicht›, sagte sie. ‹Ich möchte einfach nicht. Ich habe Angst. Mit hartem Stoff will ich nichts zu tun haben. Wenn ihr wollt, gehe ich.›
Klaus hätte sie am liebsten rausgeworfen, aber Stefan wehrte sich für seine neue Freundin: ‹Laß sie doch in Ruhe. Sie ist schon in Ordnung.›
‹Vielleicht ein anderes Mal›, entschuldigte sie sich und legte sich schützend hinter Stefan. ‹Aber laßt euch meinetwegen den Spaß nicht verderben.›
Wir warfen die Trips ein und die Wirkung kam fast augenblicklich. Es war der helle Wahnsinn. Zuerst verspürte ich in meinem Körper ein eigenartiges Kribbeln, so, als ob Millionen von Ameisen durch die Blutbahnen rasten. Dann stellten sich plötzlich Halluzinationen ein, die immer stärker wurden. Alles im Zimmer begann sich zu bewegen; die Fenster verzogen sich wie Kaugummi, die Decke begann Wellen zu werfen, Bücher verformten sich wie Knetmassen und das Bett, auf dem Stefan mit Lisa lag, schien wie ein Gummiboot, dem die Luft entweicht, durch den Raum zu schweben. Vor meinen Augen tanzten die phantastischsten Farben, in einer Intensität, wie ich es noch nie gesehen hat-

te. Sie flossen ineinander, nahmen die unförmigsten Konturen an, vereinigten sich zu kaleidoskopartigen Gebilden, lösten sich wieder auf, zuckten blitzartig abwechslungsweise grell auf, um sich kurz darauf wieder mit sanften Pastelltönen zu vermischen.

Die auftauchenden Farbgebilde harmonierten in rätselhafter Weise mit dem Takt der Musik. Sie schienen direkt aus den Lautsprecher-Boxen zu strömen. Die Gitarrenklänge explodierten in meinem Kopf, so daß mir das Trommelfell zu schmerzen begann. Auf unserem ersten LSD-Trip lachten und schrien wir abwechslungsweise durcheinander. Das Erlebnis war unvergleichlich schön und furchterregend zugleich. Zum erstenmal wußte ich, was es bedeutet, wirklich high zu sein.

Etwa gegen vier Uhr früh floß der Trip langsam aus. Er hatte über drei Stunden angehalten. Ohne etwas zu sagen, dachte wahrscheinlich jeder dasselbe: Dieses unbeschreibliche und unvergeßliche Feeling muß ich wieder haben. Je schneller, desto besser.

Nachdem wir uns wieder einigermaßen unter Kontrolle hatten, sagte Lisa: ‹Ich muß unbedingt nach Hause.›

‹Ich auch›, schloß sich Bea an. Sie konnte sich, wie wir alle, kaum mehr auf den Beinen halten.

‹Ich begleite dich›, schlug Gery vor und stand ebenfalls auf.

‹Und ich bringe Lisa nach Hause›, sagte Stefan. Er nahm sie bei der Hand. ‹Aber ihr könnt auf mich warten; ich komme nachher wieder zurück.›

Während die vier uns verließen, stellte sich bei uns plötzlich ein riesiger Durst ein. Fredy holte aus dem Kühlschrank einige kleine Flaschen Bier, die wir in kürzester Zeit austranken.

Als Stefan nach etwa einer Stunde tatsächlich zurückkehrte, waren wir schon ziemlich besoffen. Klaus lag laut schnarchend auf Fredys Bett. Er erwachte nicht einmal, als Stefan mit großem Hallo wieder auftauchte.

‹Wie war's denn mit Lisa?› wollte ich wissen und bot Stefan eine Flasche Bier an. Er schien überhaupt nicht müde. Bevor er antwortete, öffnete er die Flasche und leerte sie in einem Zug.
‹Wir haben noch einen kleinen Umweg gemacht›, sagte er, rülpste laut und wischte sich mit dem Handrücken über den Mund. ‹Es gibt jetzt eine Jungfrau weniger. Das heißt, sie war gar keine mehr.›
‹Und Bea?›
‹Die überlasse ich jetzt Gery›, sagte Stefan und öffnete eine neue Flasche.»

Die verpaßte Chance

Über Stefans Schwierigkeiten und seine Unentschlossenheit, sich für eine berufliche Ausbildung zu entscheiden, führte Albert Amann in jenen Tagen mit einem Freund der Familie ein Gespräch, von dem er sich besonders viel erhoffte. Frank Schütz, der Leiter einer privaten Zürcher Berufswahlschule, klärte den Vater über die Möglichkeiten und Vorteile auf, die sich Stefan hinsichtlich seiner Zukunft in einer Berufswahlklasse bieten konnten, und versprach, sich bei einem positiven Entscheid für ihn zu verwenden.
«Diese Lösung schien mir sinnvoll», erinnert sich Albert Amann. «Sie bot auch Gewähr, daß Stefan wieder vermehrt unter Aufsicht stand. In Anwesenheit von Frank Schütz kam es zu einer längeren Aussprache mit Stefan. Wenn auch widerwillig und noch immer unter den schlechten Erfahrungen stehend, die er während seiner Schnupperlehre als Koch gesammelt hatte, erklärte er sich schließlich bereit, nach den Sommerferien in eine Berufswahlklasse einzutreten.»

«Stefan», erinnert sich Frank Schütz, «war der typische Fall eines berufswahlunreifen Jungen. Er wußte überhaupt nicht, was aus ihm werden sollte. Aus Gesprächen mit seinen Eltern hatte ich erfahren, daß es wegen seiner beruflichen Zukunft in der Familie einige Auseinandersetzungen gegeben hatte. Vor allem seinem Vater wäre es am liebsten gewesen, wenn sich alles normal entwickelt hätte. Aufgrund dieser Situation war Stefans Verhältnis zu seinen Eltern in Wirklichkeit etwas anders, als es nach außen hin den Anschein machte. Doch gerade diese Ausgangslage machte ihn zu einem prädestinierten Fall für unsere Schule.
Da Stefan mich persönlich kannte, blieb ich bei seiner Betreuung in der Schule bewußt zurückhaltend. Er wurde einer Berufsberaterin und einem Gruppenleiter zugeteilt, die

sich intensiv um ihn kümmerten und mir, wie bei allen anderen Schülern, regelmäßig Führungsberichte unterbreiteten. Zwei Monate nach Stefans Eintritt schrieb seine Berufsberaterin folgende Beurteilung:
‹*Stefan ist ein verschlossener, gering ansprechbarer und eher passiver, wenig interessierter Junge, der sich mit seiner beruflichen Zukunft überhaupt noch nicht auseinandersetzt. Woher dieses Nicht-engagieren-Wollen stammt, konnte im Gespräch noch nicht ermittelt werden. Es muß vermutet werden, daß sich Stefan auf der Suche nach einer eigenen Form befindet. Damit verbunden wäre eine bedingte Anpassungswilligkeit und ein Unabhängigkeitsbedürfnis, dem aber noch keine echte Selbständigkeit gegenübersteht. Stefan besitzt eine gute Gesundheit und ist körperlich schon weit entwickelt. Es fehlt ihm vor allem an Entscheidungsfähigkeit und Entscheidungsfreudigkeit. Ich gab ihm den Rat, sich intensiver mit dem Problem auseinanderzusetzen, da letztlich die Entscheidung bei ihm liegen werde.*›
Einen Monat später, im Dezember 1970, hatten die Schüler in Stefans Klasse einen Aufsatz unter dem Titel ‹Wer bin ich?› zu verfassen. Stefan schrieb zu diesem Thema:
‹*Ich interessiere mich vor allem für Handball und Schach. Daneben gehören Musikhören, Tanzen, Ferienmachen und Schlafen zu meinen Lieblingsbeschäftigungen. Ich arbeite nicht gerne, dafür reise ich um so lieber. Am wohlsten fühle ich mich, wenn ich alleine oder mit meiner Freundin Lisa zusammen bin. Zu meinen guten Eigenschaften gehört, daß ich ein gemütlicher Mensch bin, der sich nicht so schnell aus der Ruhe bringen läßt. Ich liebe auch die Natur. Meine schlechten Eigenschaften: Ich rauche zuviel. Ich bin vergeßlich. Ich bin faul. Ich verbrauche zuviel Geld. Zu meinen menschlichen Vorbildern gehören Brian Jones von den Rolling Stones und John Lennon von den Beatles. John Lennon vor allem deshalb, weil er sein Geld für nützliche Zwecke wie beispielsweise den Frieden ausgibt. Ich möchte einmal einen Beruf ausüben, der einem soviel Freiheit wie*

möglich läßt: Reporter beispielsweise, weil man hier viel an der frischen Luft ist, oder vielleicht Maurer, weil man es hier mit der Zeit nicht so genau nehmen muß.›

Im März 1970 fand zwischen Stefan und seiner Berufsberaterin eine weitere Besprechung statt. Zuvor hatte Stefan erstmals einen Berufswunsch geäußert: Er beabsichtigte, in die Baubranche einzusteigen. In ihrem Zwischenbericht notierte die Berufsberaterin:
‹*Stefan hat sich in der Berufswahl erfreulicherweise selbst aktiviert. Ich empfahl ihm, auf dem Bau einen Beruf mit späteren Weiterbildungsmöglichkeiten anzuschauen, beispielsweise Maurer. Stefan braucht jetzt vermehrte Aufmerksamkeit durch mich. Sein positives Verhalten und der verstärkte schulische Einsatz zeigen sich auch im letzten Zeugnis, wo er sich in fast allen Fächern recht gut steigern konnte. Sein ablehnendes, leicht verächtliches Getue zu Schulbeginn ist verschwunden. Seine Antworten sind zwar immer noch knapp, aber sicherer, eigenständiger. Sollte sich Stefan für den Maurerberuf entschließen, braucht er einen ruhigen, anständigen Vorgesetzten, damit er den guten Ton nicht wieder verliert. Ich werde mich über Stefans Berufsabsichten noch mit seinem Vater unterhalten.*›
Diese Unterredung fand bereits wenige Tage später statt. Auch darüber erstellte die Berufsberaterin eine Aktennotiz:
‹*Herr Amann ist ein gepflegter, sehr gewandter Mann in den Vierzigern. Meinen Äußerungen über Stefan folgt er ruhig und argumentiert sachlich. Er beschreibt seinen Sohn und dessen ganze Entwicklung, woraus hervorgeht, daß offenbar vor allem das Verhältnis zur Mutter von klein auf wenig innig war und der Anerkennung entbehrte. Stefans Wunsch, Maurer zu werden, entspricht nicht jenem der Eltern. Wie Herr Amann selbst gesteht, hätten sie nach außen hin Hemmungen zu sagen, ihr Sohn lerne Maurer. Trotzdem willigt Herr Amann in das Erlernen dieses Berufes ein und setzt seine Hoffnung in eine spätere Weiterbildung. Die*

Chance, daß sich Stefan auffängt und sein Leben selbst aktiv in die Hände nimmt, ist sicher größer, wenn er seinen Berufswunsch verwirklichen kann und auch dafür Verantwortung trägt.›

Im Februar 1971, kurz vor seiner Schulentlassung, fand zwischen der Berufsberaterin und Stefan das letzte Gespräch statt. Sein Lehrvertrag mit dem Zürcher Bauunternehmen Portmann & Söhne war zu diesem Zeitpunkt bereits abgeschlossen. Die Berufsberaterin erstellte folgenden Abschlußbericht:

‹*Stefan hat sich in den vergangenen Monaten schulisch nicht sonderlich bemüht, hingegen hat seine charakterliche Entwicklung gute Fortschritte gezeigt. Er ist heute aktiver, interessierter und lebendiger, wenn auch nicht unbedingt im Schulischen. Es darf aber gehofft werden, daß er die Berufslehre als Maurer gut abschließen kann und sich nachher entschließen wird, sich weiterzubilden. Die Schlußbeurteilungen seiner Lehrer sind eher negativ. In der Klasse habe er in den letzten Wochen desinteressiert, unansprechbar und faul gewirkt. Entsprechend seien seine Leistungen stark abgefallen. Zudem zeige er wenig Einsatz und beteilige sich mündlich kaum am Unterricht. Im großen und ganzen sei er bequem, und es sei ihm alles egal. Seine Klassenleistung ist äußerst dürftig.*›

‹Aufgrund dieser Qualifikationen›, so Frank Schütz, ‹muß man schon sagen, daß da mit Stefan etwas nicht gestimmt haben konnte. Auf den Gedanken, sein Leistungsabfall und allgemeines Verhalten in der Schule könnten mit dem Konsum von Drogen im Zusammenhang stehen, kamen wir nicht. Aber es bestand für uns auch kein Anlaß zu einer solchen Vermutung.›»

Der Weg in die Sucht

«Nachdem am 30. September 1970 der Bunker in Zürich eröffnet wurde», erinnert sich Paco Walder, «ließ unser Interesse am Jugendhaus in Awyl ziemlich nach. Wir trafen uns dort nur noch gelegentlich, beispielsweise, wenn an einem Samstagabend eine Konzertveranstaltung war. Ansonsten war unser neuer Treffpunkt der Lindenhofbunker, der uns mit seiner ausgeflippten Atmosphäre und dem Konflikt, den er allein durch sein Bestehen bei der Erwachsenenwelt ausgelöst hatte, wie ein Magnet anzog.
Autonom hieß das neue Schlagwort. Wir interpretierten diesen Begriff als totale Unabhängigkeit und Selbständigkeit gegenüber der bürgerlichen Gesellschaft. Niemand sollte uns zukünftig dreinreden, keiner unser Tun und Lassen in der Freizeit kontrollieren können. Selbstbestimmung stand auf der Flagge der ausgerufenen ‹Autonomen Republik Bunker›; sie war unser neuer Staat im Staat. Es gab auch noch andere Gründe, weshalb wir zum Awyler Jugendhaus auf Distanz gingen. In den Wochen nach dem Krokodil-Konzert verdichteten sich in der Öffentlichkeit die Gerüchte, daß im Jugendhaus Drogen konsumiert würden, immer mehr. Als Folge davon tauchte die Gemeindepolizei immer häufiger bei uns auf, stellte idiotische Fragen und durchsuchte die Räume. Auch der Awyler Lokalzeitung war das Jugendzentrum schon lange ein Dorn im Auge. Sie schoß sich in jeder Ausgabe auf die vermeintliche ‹Drogenhöhle› ein und forderte die Behörden ultimativ auf, ‹Maßnahmen zu ergreifen, um die Zustände, wie sie sich im Zürcher Bunker abzuzeichnen beginnen, erst gar nicht aufkommen zu lassen.›
Da die Schließung unseres Jugendhauses nur noch eine Frage der Zeit war, verlegten wir unsere Aktivitäten in den Zürcher Bunker. In der ‹Autonomen Republik Bunker› waren wir nicht nur unter Gleichgesinnten, sondern auch an der

Quelle zur Beschaffung von Drogen jeder Art. Hier wurde mit allen Rauschgiften gehandelt, die in der Zürcher Szene auf dem Markt waren: Hablis, Marihuana, Koks, LSD, Speed und Heroin.

Über Klaus Fehr, der im Bunker zu den Stammgästen gehörte, lernten Stefan und ich unzählige Freaks kennen, die im Drogenmilieu den Durchblick hatten. Anfänglich war auch noch Fredy mit von der Partie, doch nachdem er eines Abends einen fürchterlichen Horror-Trip mit LSD gehabt hatte, sah man ihn nur noch gelegentlich.

Gery und Bea waren nach wie vor dabei. Während sie sich für LSD, Koks und Hablis interessierten und in regelmäßigen Abständen Trips einwarfen, galt unsere Aufmerksamkeit immer mehr jenem Dope, das angeblich alles andere in den Schatten stellte: dem Heroin.

Kurz vor Weihnachten 1970 verhalf uns Klaus im Bunker zum ersten Schuß. Wie die Zubereitung des Dopes, die Handhabung der Pumpe und das Abbinden der Arme vor sich ging, wußten wir natürlich schon lange. Unzählige Male hatten wir zugesehen, wie sich die Junkeys in den Bunkerräumen die Eisen ansetzten. Diese Zeremonie hat uns jedesmal auf eigenartige Weise fasziniert: Das Aufwärmen des Heroins im Silberlöffel, seine Verflüssigung unter der Kerzenhitze, das Aufheizen der glasklaren Flüssigkeit in die Spritze, das Abbinden der Arme oder Beine und das anschließende Durchstechen der Venen hatten geradezu etwas Magisches an sich. Wir konnten es kaum erwarten, den vielzitierten ‹flash›, das Höchste aller Gefühle, selbst einmal zu erleben.

Mit dem Gedanken, von diesem Stoff abhängig zu werden, befaßten wir uns kaum. ‹Solange man nicht regelmäßig fixt›, beteuerte Klaus, ‹besteht überhaupt keine Gefahr. Du kannst jederzeit wieder damit aufhören; es ist reine Willenssache.›
Aufmerksam beobachteten wir, wie uns Klaus die Schüsse zubereitete. Während er den Stoff im Silberlöffel über einem Gasfeuerzeug erhitzte und mit einigen Tropfen Zitro-

nensaft streckte, krempelten wir die rechten Hemdsärmel hoch und banden uns gegenseitig mit einem Halstuch den Oberarm ab. Schon nach wenigen Augenblicken traten die Venen unter dem Ellbogengelenk wie Stricknadeln hervor. Klaus zog die Flüssigkeit in eine Einwegspritze auf, hielt sie senkrecht vor seine Augen und drückte soweit durch, bis an der Nadelspitze ein durchsichtiger Tropfen hinunterlief. Dann setzte er das Eisen an Stefans Arm und drückte langsam durch. Stefan legte sich auf seine Matratze und schloß die Augen. Mit der gleichen Spritze wiederholte Klaus den Vorgang zunächst bei mir. Anschließend setzte er sich selber einen Schuß.

Ich hatte kaum den Hemdsärmel zurückgekrempelt, als der ‹flash› eintrat. Ein eigenartiges, nahezu unbeschreibliches Hochgefühl breitete sich sekundenschnell in mir aus. Es kam mir vor, als wäre ich mit einem Schlag ein anderer Mensch geworden. Wie von unsichtbarer Hand wurde ich in die Höhe getragen, und auf diesem Weg ins Ungewisse lösten sich alle Probleme, die mich beschäftigten, in ein bedeutungsloses Nichts auf. Ich fühlte mich total gelöst und empfand eine absolute Klarheit. Nichts, aber auch gar nichts konnte mich aus dieser unantastbaren Ruhe bringen. Ich glaube, man hätte mir eine Axt über den Kopf schlagen können, es wäre mir gleichgültig gewesen. So, als hätte jemand eine riesige gläserne Käseglocke über meinen Körper gestülpt, die mich von allem, was von außen kam, abschirmte und nichts an mich heranließ, genoß ich diesen unvergleichlichen Glückszustand.

Im Gegensatz zum LSD sah ich auf diesem Trip alles unheimlich scharf und glasklar. Alle negativen Gedanken oder Eindrücke schienen wie aus dem Gehirn geblasen. Ich fühlte mich unheimlich stark und selbstbewußt. Zum erstenmal war ich restlos überzeugt, jemand zu sein; eine unberührbare Persönlichkeit, die über allem steht, was rund um sie passiert. Mit einer Leichtigkeit wie nie zuvor konnte ich in diesem Zustand des Hochgefühls mit Stefan und Klaus diskutieren. Selbst die unmöglichsten und verworrensten Gesprächsthemen ergaben plötzlich einen Sinn. Mit einem Satz: Wir hatten den totalen Durchblick.

Wie lange dieser Zustand angehalten hat, weiß ich nicht mehr genau. Der ‹flash›, der eigentliche Höhepunkt, dauerte vielleicht nur eine oder zwei Minuten. Danach flachte das Hochgefühl ab. Was blieb, war der euphorische Käseglocke-Effekt. Er hielt noch einige Stunden an.

Danach war wieder alles beim alten. Die Probleme tauchten wieder auf, Depressionen stellten sich ein und mit ihnen jenes Unlustgefühl, das Zweifel am Sinn des Lebens weckt. Stefan und ich waren uns einig: Das war's, wonach wir gesucht hatten. Dieser Dope vermittelte uns genau die Selbstbestätigung, die uns fehlte, und war imstande, uns in jene Welt zu transportieren, die frei von allen Sorgen und Problemen mit Schule, Lehrer, Vorgesetzten und Eltern war. Der Schuß war die beste Antwort auf diese verschissene, haßerfüllte Problemwelt; er machte uns frei von allen Aggressionen und erfüllte uns mit einer Selbstzufriedenheit, wie wir sie noch nie erlebt hatten. Ohne es uns einzugestehen, waren wir bereits nach dieser neuen Erfahrung süchtig.

Für längere Zeit blieb es bei diesem ersten Schuß. Da uns das Geld für den Heroin-Ankauf fehlte und unsere Beziehungen für Deals mit diesem Dope noch unzureichend waren, begnügten wir uns mit regelmäßigen Joints und LSD-Trips. Nach der Schließung des Bunkers am 6. Januar 1971 konzentrierten wir uns wieder vermehrt auf das Jugendhaus Awyl. Doch hier war inzwischen der Umgang mit harten Drogen zu riskant. Bei den regelmäßigen Polizeikontrollen mußte man jederzeit damit rechnen, erwischt zu werden. Dieses Risiko wollten wir nicht eingehen.

Vorerst blieb zuwenig Zeit, um unsere Kontakte in der Zürcher Drogenszene weiter auszubauen. Stefan stand vor dem Abschluß seines Berufswahljahres und ich unter dem Druck des Lehrmeisters, mit dem ich mich überhaupt nicht ver-

stand. Die eintönige Arbeit auf dem Bau schiß mich ebenso an wie die Gewerbeschule, die ich zweimal wöchentlich besuchen mußte. Der einzige Lichtblick war, daß Stefan während seiner zukünftigen Maurerlehre dasselbe Schulhaus wie ich besuchen würde.
Stefan bedrückten ähnliche Probleme wie mich. Die Berufswahlschule hing ihm zum Halse heraus. Wann immer er konnte, blieb er dem Unterricht fern, um sich mit mir zu treffen. Wir verabredeten uns meistens im ‹Turm› oder im ‹Blutigen Daumen›. Kaum ein Tag verging, ohne daß wir mindestens einen Joint zusammen rauchten.»

Ein neuer Anlauf

Am 1. April 1971 begann Stefan seine Maurerlehre beim Zürcher Bauunternehmen Portmann & Söhne. Schon nach wenigen Wochen tauchten die ersten Probleme auf. Sein ehemaliger Lehrmeister, Erwin Cattaneo, erinnert sich: «Da waren vor allem seine langen Haare, die er um keinen Preis abschneiden wollte. Obwohl er groß und kräftig war, sah er von weitem aus wie ein Mädchen. Die Kollegen auf dem Bau nahmen ihn natürlich deswegen oft hoch. Schließlich nannten sie ihn nur noch ‹Stefanie›. Anfänglich regte er sich darüber auf, aber mit der Zeit war es ihm gleichgültig. Wenn ihn ein Vorarbeiter ‹Stefanie› nannte und etwas von ihm wollte, sagte er einfach: ‹Das ist keine Mädchenarbeit, das kannst du selber machen.› Mit der Zeit gewöhnten wir uns jedoch an seine Eigenart und akzeptierten ihn auch.
Schon von Anfang an hatte ich den Eindruck, daß dieser Junge den Kopf nicht ganz bei der Sache hatte. Wenn man ihn auf Fehler aufmerksam machte oder ihm eine unangenehme Arbeit auftrug, reagierte er entweder gereizt oder gleichgültig. Am Morgen kam er fast regelmäßig zu spät. Wenn ich ihn deswegen rügte und ihm Vorhalte machte, hörte er teilnahmslos zu oder sagte höchstens: ‹Ja, ja, ich hab' es gehört.›
Im Gegensatz zu seinen Lehrlingskollegen interessierte sich Stefan überhaupt nicht für seinen Beruf. Er stellte nie Fragen, wollte nie wissen, weshalb man das eine nun so und das andere so anpackt. Nur in den Pausen oder während der Mittagszeit in der Kantine taute er auf. Dann riß er große Sprüche darüber, wie idiotisch es doch sei, den ganzen Tag zu arbeiten. Er konnte einem mit seiner ablehnenden Einstellung schon ganz schön auf den Wecker gehen. Ich habe kaum einen jungen Menschen kennengelernt, dem alles so gleichgültig war wie Stefan.

Da ich ihn trotz seiner Eigenwilligkeit recht gut mochte, versuchte ich einige Male, mit ihm zu sprechen. Für mich als Lehrlingschef war es ja nichts Außergewöhnliches, daß ein 17jähriger, der zum erstenmal mit der harten Realität des Arbeitslebens konfrontiert wird, Probleme hatte. Vielleicht, so dachte ich, war es einfach das rauhe Klima auf dem Bau, das diesem sensiblen Burschen zu schaffen machte. Doch auch die Gespräche mit ihm brachten mich nicht weiter. Er verschloß sich mir oder wich aus.
Über das, was ihn bewegte, konnte er sich nur schlecht äußern. Wenn er in Diskussionen verwickelt wurde, redete er meistens in Schlagworten, die er irgendwo in seinem Kollegenkreis aufgegriffen hatte. Manchmal hatte ich den Eindruck, daß sich Stefan gar nicht helfen lassen wollte, sondern mit seinem Verhalten vielmehr darauf abzielte, seine Lehre möglichst schnell abbrechen zu können.
Sein erstes Zeugnis, das er aus der Gewerbeschule mitbrachte, war eine reine Katastrophe. Ich setzte mich daraufhin mit seinem Gewerbelehrer in Verbindung. Stefan, so meinte er, zeige am Unterricht überhaupt kein Interesse und bemühe sich auch nicht, seine schlechten Leistungen zu verbessern.
Es gehörte zu meiner Pflicht, die Firmenleitung über Stefans Entwicklung zu informieren. Von einer Entlassung aus dem Lehrvertrag wollte Herr Portmann zunächst nichts wissen. Vor einem solchen Schritt, so meinte er, wolle er sich zuerst mit Stefans Vater zu einer Aussprache treffen.
Nach dieser Unterredung, die kurz darauf stattfand, ging es mit Stefan erstaunlicherweise viel besser. Für einige Wochen war er sichtlich bemüht, den Anforderungen, die an ihn gestellt wurden, zu genügen. Da diese positive Zeit mit den Sommerferien in der Gewerbeschule zusammenfiel, schloß ich daraus, daß es vor allem die berufsbegleitende Schule sein mußte, die Stefan nicht gefiel.
Auf dem Bau zeigte er großen Einsatz. Nur bei Arbeiten, die von ihm Genauigkeit erforderten oder Ausdauer abver-

langten, zeigte er gewisse Schwierigkeiten. Alles in allem war er jedoch auf dem besten Wege, sich aufzufangen.
Leider kam es anders. Mit dem Beginn der Gewerbeschule nach den Sommerferien änderte sich seine Haltung wieder von einem Tag auf den anderen. Auch sein Lehrer beklagte sich. Stefan, ließ er mich wissen, sei wiederholt unentschuldigt dem Unterricht ferngeblieben.
Zwischen Herrn Portmann und Stefan kam es in der Folge zu einer heftigen Auseinandersetzung. Tags darauf erschien er nicht am Arbeitsplatz. Ich telefonierte seinem Vater und unterrichtete ihn, daß mit der Auflösung des Lehrvertrages zu rechnen sei, wenn sich Stefan nicht eines Besseren besinne. Herr Amann fiel aus allen Wolken. Er wußte nicht, daß Stefan nicht zur Arbeit erschienen war und versprach, nach dem Rechten zu sehen.
Vier Tage später telefonierte mir Herr Amann und bat mich darum, nochmals ein Auge zuzudrücken. Stefan habe in letzter Zeit einige Probleme mit seiner Freundin gehabt, doch sei er jetzt fest entschlossen, einen neuen Anfang zu machen. Im Einverständnis mit Herrn Portmann willigte ich ein, Stefan nochmals eine Chance zu geben.»

«Die Lehre», erinnert sich Lisa Rossi, «hat Stefan von Anfang an nicht zugesagt. Ich glaube, er hat sich nur dazu entschlossen, weil er in der Berufswahlschule und vom Vater unter Druck gestellt wurde. Gegenüber Albert, über den er trotz allem nie schlecht sprach, kam er sich als Versager vor. ‹Ich bin anders, als er meint›, sagte Stefan oft. ‹Aber er bemüht sich wenigstens, mich zu verstehen, auch wenn er anderer Meinung ist.›
Von seiner Mutter sprach er nur selten. ‹Sie ist schon recht›, sagte er. ‹Wir sind uns nur zu ähnlich.›
Wenn Stefan nicht gerade mit Paco auf der Gasse war, sahen wir uns während seines ersten Lehrjahres beinahe jeden Tag. Meistens trafen wir uns im Jugendhaus mit Gery, Bea und Fredy. Zusammen mit einigen anderen gingen wir

oft in den Wald, machten irgendwo ein Feuer, hörten Musik und ließen Joints die Runde machen. Sobald Stefan geraucht hatte, war er wie verwandelt, frei von jedem Zwang. Seine Alltagssorgen wurden ihm dann noch gleichgültiger. Dafür wurde er richtig lieb.
Bei unseren Zusammenkünften wurde LSD geschluckt oder Koks geschnupft. Vor allem Paco, Bea und Gery fuhren auf Speed ab. Über Stefans erste Heroin-Erfahrungen aus der Bunkerzeit wußte ich Bescheid. Es war sein Lieblingsthema. Obwohl ich ihn nie danach fragte, war ich überzeugt, daß er sich auch in den Wochen danach ab und zu einen Schuß gesetzt hatte.
Verschiedene Male versuchte mich Stefan zu überreden, ebenfalls LSD zu schlucken. ‹Solange du nicht weißt, wie das ist›, sagte er, ‹kannst du auch nicht mitreden.› Doch ich hatte keinen Bock darauf und zudem Angst, abhängig zu werden. Andererseits wollte ich auch jede Gefahr ausschließen, mit meinen Eltern oder Lehrern wegen harter Drogen in Konflikt zu kommen. Im Gegensatz zu anderen, die mich wegen meiner ablehnenden Haltung oft auslachten, akzeptierte Stefan meinen Entschluß. Er hat mich nie zu etwas gezwungen, das ich nicht selbst wollte. Dazu mochte er mich viel zu gerne. Nicht selten sagte er: ‹Du bist immer noch mein bester Trip. Außer meinem Vater bist du der einzige Mensch, der mich wirklich versteht. Alle anderen sehen nicht durch.›
Seit wir uns beim Krokodil-Konzert zum erstenmal begegnet waren, war ich sehr verliebt in ihn. Ich war stolz darauf, Stefans Freundin zu sein, denn es gab viele Mädchen, die etwas darauf gegeben hätten, mit Stefan zu gehen. Daß er sich für mich entschied, lag vielleicht daran, daß ich das erste Mädchen war, mit dem er eine sexuelle Beziehung haben konnte.
Über seine Arbeit in der Maurerlehre brauchte Stefan nicht viel zu erzählen. Man sah ihm schon von weitem an, daß er nicht für diesen Job gemacht war. Sich jemandem unterzu-

ordnen, war für ihn ein Ding der Unmöglichkeit. Sobald nur der leiseste Zwang auf ihn ausgeübt wurde, begann er gleichgültig zu werden oder zu rebellieren. Seine Reaktionen waren extrem; es gab für ihn nur alles oder nichts. In der Regel wollte er alles; Geduld war für Stefan ein Fremdwort.
Innerhalb unserer Gruppe setzte er alles daran, immer der Erste zu sein. In der Rolle des Anführers fühlte er sich ausgesprochen wohl. Er brauchte Betrieb um seine Person und wollte im Mittelpunkt stehen. Er suchte fortwährend Selbstbestätigung und Anerkennung.
Nach den Sommerferien bekam Stefan an seinem Arbeitsplatz wieder Schwierigkeiten. Anstatt zur Schule zu gehen, machte er regelmäßig blau, um sich mit Paco, der ebenfalls Probleme in seiner Lehre hatte, in der Zürcher Szene zu treffen. Wieder war sein Arbeitgeber drauf und dran, den Lehrvertrag aufzulösen. Nichts wäre Stefan lieber gewesen...
Als sich Stefans Vorgesetzte mit seinem Vater zu einer Aussprache trafen, regte er sich unheimlich auf. ‹Ich ziehe aus›, schwörte er, ‹die können mich doch alle kreuzweise...› Tatsächlich blieb Stefan plötzlich für einige Tage unauffindbar. Mit Klaus Fehr, den ich nicht ausstehen konnte, hielt er sich vier Tage lang in Bern auf. Auf meine Frage, was sie dort unternommen hätten, reagierte er äußerst gereizt. ‹Busineß. Mehr kann ich dir nicht sagen. Ich habe die Schnauze voll. Alle wollen etwas von mir. Alle reden stundenlang auf mich ein. Laß wenigstens du mich in Ruhe.›
Kurz vor Weihnachten 1971 erfuhr ich von Paco, weshalb Stefan und Klaus in Bern gewesen waren. Sie hatten Heroin gekauft. Mit Geld, das Paco erschlichen hatte. Klaus hatte Stefan darauf aufmerksam gemacht, daß in der Berner Drogenszene ein Gramm Heroin für 300 Franken erhältlich sei. Darauf heckte Stefan mit Paco einen Plan aus, wie sie raschmöglichst Geld beschaffen konnten. Paco meldete sein fast neues Moped bei der Stadtpolizei als gestohlen. Danach

belog er seinen Vater, der ihm kurzerhand Geld für ein neues Moped gab. Dieses Geld überließ Paco Stefan für den Heroinkauf. Eine Woche später ließ Paco die Polizei wissen, daß er sein Moped vor dem Gewerbeschulhaus wieder gefunden habe. Sein Vater merkte vom ganzen Handel überhaupt nichts.»

Das Weihnachtsgeschenk

Diese Affäre führte zwischen Stefan und Lisa Rossi am Abend des 23. Dezember 1971 im Jugendhaus zu einem Streit. Lisa machte ihm Vorwürfe wegen des Berner Heroindeals. «Wenn du die Finger nicht von diesem Dreck läßt, will ich nichts mehr mit dir zu tun haben», warnte sie ihn. Stefan versuchte, Lisa zu beruhigen. Doch er erkannte bald, wie ernst sie es meinte. Wutentbrannt überschüttete er Lisa mit Vorwürfen, weil sie ihn in Anwesenheit von Bea, Gery und Fredy bloßgestellt habe:
«Was geht dich diese Sache überhaupt an?» schrie er. «Niemand hat mir Vorschriften zu machen. Du am wenigsten.»
Stefan hatte den ganzen Abend getrunken. Er realisierte nicht mehr, wie sehr er Lisa beschimpfte. Erneut drohte sie, ihn zu verlassen. Stefan drehte durch:
«Dann hau doch ab», befahl er. «Ich brauche niemanden.»
Lisa begann zu weinen, erhob sich und lief nach Hause. Kurz bevor sie das Haus ihrer Eltern erreicht hatte, stand plötzlich Stefan neben ihr. Ohne daß sie es gemerkt hatte, war er ihr nachgerannt. Er hielt sie am Arm zurück.
«Es tut mir leid», keuchte er. Sein Atem roch nach Rauch und Alkohol.
«Ist ja schon gut», sagte Lisa und setzte ihren Weg fort. «Wir reden ein andermal darüber.»
Stefan ging schweigend neben ihr her. Unter der Haustür hielt er Lisa wieder zurück. Hilflos blickte er sie an. Verzweifelt suchte er nach Worten.
«Du hast dir doch zu Weihnachten eine Platte gewünscht», begann er. «Ich kaufe sie dir. Morgen abend bringe ich sie ins Jugendhaus. Wir sehen uns doch, oder?»
Lisa zögerte.
«Vielleicht werde ich dort sein, vielleicht auch nicht. Bitte, laß mich jetzt. Ich möchte gehen.» Sie entzog sich seinem Griff, ließ ihn stehen und ging ins Haus.

Am Freitagmorgen, dem 24. Dezember 1971, erschien Stefan mit einer halben Stunde Verspätung auf der Baustelle an der Badenerstraße. Für einmal fiel seine Unpünktlichkeit nicht ins Gewicht. Er wußte, daß an diesem ersten Weihnachtstag mehr gefeiert als gearbeitet wurde. Der Feierabend war denn auch schon auf 14 Uhr angesetzt. Bereits einige Tage zuvor hatten Arbeiter der Firma Portmann & Söhne die Kantine festlich geschmückt.
Der traditionelle Betriebsumtrunk am Tag des Heiligen Abends begann schon gegen halb acht Uhr früh. Zu den Arbeitern, die die ersten Bierrunden laufen ließen, gehörte auch Stefan. Der überreichliche Bierkonsum vom vergangenen Abend zeigte Folgen: Drei Stunden später war Stefan bereits wieder angetrunken.
Reto Staub, ein Spenglerlehrling, machte gegen elf Uhr Stefan den Vorschlag, mit ihm zusammen noch ein nahes Restaurant aufzusuchen. Stefan willigte sofort ein.
«Ich hatte das Gefühl, daß Stefan etwas frische Luft nicht schaden könnte», erinnert sich Reto. «Er hatte schon ziemlich Schlagseite.»
Neben Kaffee mit Schnaps kippten die beiden einige Whiskys hinunter. «Wie viele es waren», so Reto Staub, «weiß ich nicht mehr. Jedenfalls waren wir ziemlich blau, als Stefan gegen 14 Uhr plötzlich aufstand.
‹Verdammt›, sagte er, ‹ich muß in der Stadt noch Platten kaufen.›
‹Dann mußt du dich aber beeilen›, sagte ich. ‹Um 16 Uhr machen die Geschäfte nämlich dicht.› Er bezahlte, verabschiedete sich und ging.»

Lisa Rossi hatte sich von Stefan zu Weihnachten die Langspielplatte «Fireball» mit der Rockband «Depp Purple» gewünscht. Im Grammostudio Weber an der Kuttelgasse, wo Stefan zuerst danach fragte, war die LP vergriffen. Er entschied sich deshalb für drei andere Platten. Als er den Betrag von 69 Franken an der Kasse bezahlte, meinte die

Verkäuferin, daß die gesuchte Platte vielleicht im Warenhaus Jelmoli noch vorrätig sei. Doch auch dort hatte Stefan kein Glück. Man verwies ihn an die Plattenabteilung im gegenüberliegenden Warenhaus Globus.

Unmittelbar vor dem Jelmoli-Haupteingang, durch den er das Warenhaus verlassen wollte, lief Stefan an einem Degustationsstand für Grappa-Branntwein vorbei. Er leerte ein angebotenes Gläschen hinunter, nahm prüfend eine Flasche aus dem Sortiment, schaute sich kurz um und ließ sie unbemerkt in seiner Tragtasche verschwinden.

In der Globus-Plattenabteilung fand Stefan Lisas Weihnachtswunsch. Er nahm die Hülle aus dem Regal und lief zur Grammobar, wo er sich die LP vorspielen lassen wollte. Doch dann entschied er sich plötzlich anders.

Franz Heller, ein Angestellter des internen Sicherheitsdienstes, war im 2. Stockwerk mit der Aufsicht beschäftigt. Er sah, daß Stefan wieder zum Regal zurückging und die ausgewählte Platte in seiner Tragtasche verschwinden ließ. Als Stefan, ohne zu bezahlen, an der Kasse vorüberging, wurde er vom Hausdetektiv gestellt.

«Im Büro des Sicherheitsdienstes gab er sofort zu, die Langspielplatte entwendet zu haben», erinnert sich Franz Heller. «Auf die Grappa-Flasche angesprochen, für die er ebenfalls keine Quittung vorweisen konnte, erklärte er, diese bei Jelmoli gestohlen zu haben. Wir informierten seinen Vater telefonisch über den Vorfall und meldeten den Diebstahl dem Detektivbüro der Stadtpolizei, das sofort einen Beamten zu uns schickte. Dieser setzte dann auch den Sicherheitsdienst von Jelmoli über den dortigen Diebstahl in Kenntnis. Neben einer Umtriebsentschädigung von zwanzig Franken mußte Stefan bei uns auch die gestohlene LP bezahlen. Er tat dies widerstandslos.

Fast gleichzeitig mit der Polizei traf auch Stefans Vater bei uns ein. Er entschuldigte sich für das Verhalten seines Sohnes und bat uns eindringlich, von einem Strafantrag abzu-

sehen. Diesem Wunsch haben wir nach einer längeren Diskussion entsprochen.»
Gegen 16 Uhr 30 wurde Stefan auf dem Detektivbüro der Stadtpolizei einvernommen. Auch hier gab er die beiden Diebstähle sofort zu. Er beteuerte, nicht mit dem Vorsatz, etwas zu entwenden, in die Plattenabteilung gegangen zu sein:
«Wahrscheinlich kam es dazu, weil ich auf dem Bau zuviel getrunken habe und ein bißchen übermütig war», gab Stefan zu Protokoll. «Ich habe mir dabei einfach nichts überlegt.»
Im Gegensatz zu Globus hielt das Warenhaus Jelmoli an seinem Strafantrag fest. Am 4. Januar 1972 wurden die Polizeiakten der Zürcher Jugendanwaltschaft zugestellt. Jugendanwalt Paul Däster, der den Fall bearbeitete, forderte wenige Tage später routinemäßig einen Auszug aus dem Strafregister des schweizerischen Zentralpolizeibüros an. Gleichzeitig ersuchte er die Einwohner-Kontrollstelle von Awyl um Mitteilung, ob Stefan allenfalls im Gemeinde-Vorstrafenregister aktenkundig sei. Das Ergebnis war positiv. Paul Däster erhielt folgende Auskünfte:

Grund des Auskunftsgesuches		Motiv der Anfrage	
Straf/untersuchung wegen:	Enquête pénale pour: Inchiesta penale per:	Motif de la demande Administrative Erhebungen wegen:	Motivo della domanda Enquête admin. pour: Inchiesta amministrativa per:

Entwendung in Warenhaus

Datum / Date / Data

Zürich, 13. Jan. 1972

Stempel und Unterschrift: Timbre et signature: Bollo e firma:

Jugendanwaltschaft Bezirk Zürich
Kanzlei: *Bebe Olga*

Auszug aus dem Schweizerischen Zentralstrafregister — Extrait du casier judiciaire central suisse
Estratto del casellario giudiziale centrale svizzero

1. 27. Nov. 69, Jugendanw., Zürich, (Strafmandat)

    wiederh. Diebstahl, wiederh. Hausfriedensbruch, wiederh. Sachbeschädigung (137/1, 186, 145, 95, 96 StGB)
    7 Tage Einschliessung,
    bed. Strafvollzug, 1 Jahr Probezeit u. Schutzaufsicht,
    <u>Eintrag gelöscht.</u>

BERN, 13. Jan. 1972
SCHWEIZ. ZENTRALPOLIZEIBUREAU
STRAFREGISTER

Grund des Auskunftsgesuches	Motiv de la demande	Motivo della domanda
Strafuntersuchung wegen: Enquête pénale pour: Inchiesta penale per:	Administrative Erhebungen wegen: Enquête admin. pour: Inchiesta admin. per:	
Entwendung in Warenhaus		

Datum Stempel und Unterschrift

Zürich, 12. Jan. 1972   Jugendanwaltschaft Bezirk Zürich
                          Kanzlei: *Heber Olga*

II. Vorstrafen:

Nr.	Datum des Urteils Tag	Monat	Jahr	Urteilende Behörde	Strafbare Handlung und angewendete Gesetzesbestimmungen	Strafe, Nebenstrafe, Massnahme; Vollzug, Änderungen
1	27.11.		69	Jugendanwaltschaft des Bezirkes Zürich	wh.Diebstahl von Sachen im Gesamtdeliktsbetrag von Fr. 88.70, wh. Hausfriedensbruch und wh.Sachbeschädigung im Betrage von ca. Fr. 75.- Art. 137 Ziff. 1, Art. 186, Art. 145, Art. 95, 96 StGB, Art. 47 Ziff. 2 EGzStGB,	7 Tage Einschliessung, bedingter Strafvollzug Probezeit 1 Jahr, Stellung unter Schutzaufsicht für 1 Jahr.
1	14.5.		71	Jugendanwaltschaft Bezirk Zürich	Löschung, Art. 96 Abs. 4 StGB	

Siehe Rückseite

«Obwohl Stefans Vorstrafe für die Baracken-Einbrüche vom November 1969 offiziell ‹gelöscht› war», so Jugendanwalt Paul Däster, «tauchte sie hier wieder auf. Ein ‹gelöschter› Eintrag erscheint nämlich immer wieder, wenn eine Strafbehörde mit der betreffenden Person zu tun hat. Man sagt zwar, daß diese gelöschten Vorstrafen nur den Strafbehörden in einem weiteren Untersuchungsverfahren mitgeteilt würden, aber wenn man es unbedingt wissen möchte, findet man immer einen Weg. Das Militär weiß zum Beispiel immer alles über gelöschte Vorstrafen. Man ist dort über alle Personen informiert, die mit uns zu tun hatten, selbst dann, wenn die Betreffenden nicht einmal im Vorstrafenregister eingetragen sind. Ich bin persönlich ein ausgesprochener Gegner dieses Informationsaustausches. In vielen Fällen erweist er sich nämlich weder als sinnvoll noch als sachdienlich. Denn das Auftauchen von offiziell gelöschten Vorstrafen in neuen Untersuchungsakten kann nämlich, wie bei Stefan, unnötigerweise zur Folge haben, daß eine Person allein wegen eines geringfügigen Delikts immer wieder von seiner Vergangenheit eingeholt wird.»

Aktenkundig

Am 5. Januar 1972, rund drei Wochen vor seinem 18. Geburtstag, gab Stefan seine Maurerlehre bei Portmann & Söhne auf.
«Der Warenhausdiebstahl und die erneute Strafuntersuchung gegen ihn», vermutet Albert Amann, «waren nur die Auslöser für diesen Entscheid; die eigentliche Ursache lag vielmehr darin, daß der Maurerberuf Stefan von Anfang an nicht zugesagt hat. Nun war er plötzlich wieder dort, wo er schon am Ende der Realschule gestanden hatte, ratlos, was in beruflicher Hinsicht mit ihm passieren sollte. ‹Am liebsten würde ich überhaupt nichts tun›, sinnierte er in jenen Tagen oft. ‹Es ist viel zu schade, um den größten Teil der Lebenszeit mit Arbeiten zu verbringen, in denen man keinen Sinn erkennt. Denken ist auch eine Art von Arbeit. Ich denke lieber, ohne damit Geld zu verdienen. Und überhaupt›, so meinte Stefan, ‹ die meisten Leute arbeiten ja nur, damit sie weniger Zeit zum Nachdenken haben. Das ist auch im Sinne der Arbeitgeber. Denn wer darüber nachdenkt, womit er sein Geld verdient, stellt Fragen, und wer Fragen stellt, ist im Geschäftsleben ohnehin fehl am Platz. So ist es doch, oder?›
Nachdem eine weitere Berufsberatung, der sich Stefan in der Berufswahlschule unterzog, ergebnislos verlaufen war, besprach ich mich mit einem Bekannten, der ein Tapeziergeschäft besaß. Gustav Kümin unterbreitete Stefan das Angebot, im Februar 1972 eine dreiwöchige Schnupperlehre als Tapezierer/Dekorateur zu beginnen. Zu meiner Freude fand er an diesem Vorschlag großen Gefallen und willigte ein. Die Arbeit gefiel ihm in der Folge so gut, daß er sich entschloß, am 18. April 1972 mit der Lehre zu beginnen.
Ich glaubte schon, daß sich nun alles zum Guten wenden würde, als die Jugendanwaltschaft genau zehn Tage später den Strafbefehl für den Warenhausdiebstahl aus dem ver-

gangenen Jahr zustellte. Die darin ausgesprochene Buße über 60 Franken wäre ja noch erträglich gewesen, doch als Stefan die Urteilsbegründung las, geriet er völlig außer Fassung. Wörtlich stand dort:
‹*Schon im Jahre 1969 mußte Stefan Amann wegen wiederholten, gemeinsam mit Schulkollegen verübten Einbruchdiebstahls in eine Baubaracke mit sieben Tagen Einschließung bestraft werden. Von der damaligen Verfehlung unterscheidet sich das neue Delikt allerdings sowohl nach äußeren Umständen als auch hinsichtlich der Beweggründe. Es erscheint als Kurzschlußhandlung, die wesentlich durch die erheblichen seelischen Spannungen mitbedingt wurde, unter denen Stefan Amann zur Tatzeit im Zusammenhang mit seiner Ausbildung stand.*›

‹Die wollen mich fertigmachen›, glaubte Stefan. ‹Weshalb werden hier alte Sachen ans Licht gezogen, die mit diesem Warenhausdiebstahl überhaupt nichts zu tun haben? Ich bin doch kein Verbrecher!›
In den Tagen darauf bot Stefan wieder das alte Bild. Immer häufiger entzog er sich jedem Gespräch und igelte sich richtiggehend ein. Abends kam er regelmäßig sehr spät nach Hause und war meistens unansprechbar. Auf unsere Ermahnungen entgegnete er einfach: ‹Ich bin jetzt achtzehn Jahre alt und kann tun und lassen, was ich will.›
Eigenartigerweise gab es dazwischen immer wieder Tage, an denen wir ihn kaum wiederzuerkennen glaubten. In solchen Momenten war er äußerst zugänglich, redselig und aufgestellt. Sowohl mit mir wie mit seiner Mutter begann er tiefschürfende Diskussionen über Gott und die Welt und zeigte sich wie ausgewechselt. Dieses sporadische Verhalten führten wir darauf zurück, daß ihm seine neue Lehre und die damit verbundene neue Umgebung gefiel. In Wirklichkeit jedoch, so stellte sich später heraus, waren diese Lichtblicke Stunden gewesen, in denen er noch unter den Auswirkungen eines Heroinschusses gestanden hatte.»

Am 3. Juni 1972 starb Stefans Großvater in Karlsruhe. Diese Nachricht wirkte wie ein Schock auf Stefan:
«Zum erstenmal seit langer Zeit sahen wir ihn wieder weinen», erinnert sich sein Vater. «Auch wenn er nur noch gelegentlich mit Kaspar Zurbriggen in direktem Kontakt gestanden hatte, konnte Stefan nie vergessen, was dieser gütige alte Mann früher alles für ihn getan hatte. Sein Tod beschäftigte Stefan in unerwartetem Ausmaß. Er verschloß sich uns noch mehr, ließ sich kaum mehr ansprechen, wurde noch nachdenklicher und depressiver.
In den Tagen nach Kaspar Zurbriggens Beerdigung stellten sich an Stefans Lehrstelle plötzlich wieder Schwierigkeiten ein. Es waren die alten Probleme. Gustav Kümin ließ mich wissen, daß Stefan oft zu spät zur Arbeit komme, die Gewerbeschule häufig nicht besuche und am Arbeitsplatz nur selten bei der Sache sei. Es sei ihm ein Rätsel, meinte Kümin, weshalb sich Stefan so sehr zu seinem Nachteil verändert habe, zumal sich Herr Eberle, sein direkter Vorgesetzter, sehr um ihn bemühe und seinen Problemen großes Verständnis entgegenbringe.
Welcher Art dieses Verständnis war, sagte mir Stefan, als ich ihn zur Rede stellte:
‹Schon seit Wochen stellt mir dieser Eberle nach. Seit ich ihm gesagt habe, daß er mich mit seinen schwulen Absichten nicht mehr belästigen solle, schikaniert er mich am laufenden Band.›
Von meinem Einwand, daß ich mich deswegen bei seinem Lehrmeister beschweren werde, wollte Stefan nichts wissen:
‹Was kannst du denn schon ausrichten?› meinte er resigniert. ‹Ich bin doch am kürzeren Hebel. Eberle wird doch unter keinen Umständen etwas zugeben. Gegenüber Kümin spielt er den braven Familienvater, dabei weiß jeder im Geschäft, daß er schwul ist. Nein, dieses Spiel mache ich nicht länger mit. Am besten ziehe ich aus, ganz egal, was passiert. Oder glaubst du etwa, daß Kümin einen langjährigen Angestell-

ten zum Teufel schickt, nur weil sich ein Lehrling, der erst noch bei der Jugendanwaltschaft in der Kreide steht, über die Schwulitäten seines Chefs beklagt?›
Natürlich setzte ich Gustav Kümin trotzdem von Stefans Anschuldigungen in Kenntnis. Ebenso empört wie entschieden wies er sie von sich. Eberle sei ein zuverlässiger Mitarbeiter, der über jeden diesbezüglichen Verdacht erhaben sei. Darüber hinaus sei er seit über zwanzig Jahren verheiratet und habe sogar einen Sohn in Stefans Alter. Wenn es Stefan nicht mehr passe, sei dies seine persönliche Angelegenheit. Im übrigen würde ihn niemand daran hindern, seine Lehre aufzugeben.
Ich wußte sofort: Das ist das Ende von Stefans zweitem Anlauf, sich in einem Beruf zu bewähren.
Am 1. Juli 1972 gab Stefan seine Tapezierer-Lehre auf. Wir hatten keine Ahnung, wie es nun mit ihm weitergehen sollte. ‹Wenn du mir das Geld gibst›, schlug Stefan vor, ‹lerne ich Auto fahren. Vielleicht finde ich danach eine Stelle als Chauffeur? Es muß ja nicht für immer sein.› Ich händigte ihm 500 Franken als Vorschuß für seinen Fahrlehrer aus.
Anfang August, die Sommerferien standen vor der Tür, bat er mich erneut um Geld. Zusammen mit einigen Kollegen aus dem Jugendhaus, so versicherte er glaubhaft, wolle er für einige Tage nach Deutschland reisen. Ich gab ihm nochmals 300 Franken. Einige Tage später fuhr er los.»

Lisa steigt aus

Schon vier Monate vor Stefan hatte Paco Walder seine Gipserlehre aufgegeben. Neben einem monatlichen Taschengeld, das ihm sein Vater zusteckte, bestritt er seinen Lebensunterhalt fortan mit dem Dealen von Haschisch und LSD. Mit Stefan und den Freaks aus der Drogenszene traf er sich fast täglich. Ebenso regelmäßig machten Joints, LSD und Speed die Runde. Und nicht nur das: Die Abstände, in denen Heroin gespritzt wurde, verringerten sich immer mehr. «In den Wochen, nachdem Stefan seine Lehre an den Nagel gehängt hatte», berichtet Paco, «erhielt ich in der Szene den Tip, wie und wo man sich in Amsterdam zu günstigen Preisen Stoff beschaffen konnte. Ein Gramm Heroin, so wurde gesagt, koste höchstens 600 Franken. Das einzige Problem bestand darin, das Dope unbemerkt über die Grenzen in die Schweiz zu schmuggeln. Stefan war begeistert, als ich ihm davon erzählte, und wir beschlossen, dieses Busineß zu realisieren.
Die Eisenbahnfahrkarten bezahlten wir mit dem Geld, das Stefan von seinem Vater für die Autofahrstunden erhalten hatte. Für den Heroindeal in Holland standen uns rund 2000 Franken zur Verfügung. Soviel hatten wir in den vergangenen Wochen mit Hasch und LSD verdient. Kurz bevor wir losfuhren, bekam Stefan mit seiner Freundin Ärger.»

«Nachdem ich von Stefans Diebstahl in den Warenhäusern gehört hatte», erinnert sich Lisa Rossi, «machte ich mir schwere Vorwürfe. Ich bildete mir ein, er hätte es nur meinetwegen getan; schließlich ging es doch um jene Schallplatte, die ich mir zu Weihnachten von ihm gewünscht hatte.
Was mir in jenen Tagen jedoch noch mehr zu denken gab, war der Umstand, daß sich Stefan immer häufiger harten Drogen zuwandte. Ich merkte es jedesmal, wenn er sich einen Schuß gesetzt hatte, auch wenn er es abstritt. In sol-

chen Situationen veränderte sich sein ganzes Wesen. Er kam sich unheimlich überlegen vor, redete unablässig auf mich ein und benahm sich, als ob die ganze Welt ihm gehören würde. Auf dem Trip waren seine Probleme wie weggewischt, er sah sie einfach nicht mehr. Alles lief ‹rund›, alles war ‹klar›, alles glaubte er ‹unter Kontrolle› zu haben.

Fast alle Kollegen in Awyl wußten längst, daß er zusammen mit Paco auf harten Drogen war, und ich fragte mich oft, wie lange er seine Sucht wohl noch vor seinen Eltern verbergen konnte.

Innerlich entfernte ich mich während der ersten Monate des Jahres 1972 immer mehr von ihm. Auf der einen Seite tat er mir unheimlich leid, andererseits wurde mir immer klarer, daß meine Zuneigung zu ihm nur noch aus Mitleid bestand. Eine wesentliche Rolle spielte auch sein Äußeres. Je mehr er in der Drogenszene verkehrte, desto mehr ließ er sich gehen. Seine langen Haare wusch er oft tagelang nicht. Während Wochen lief er mit den selben Kleidern herum. Unter seinen Fingernägeln bildeten sich schwarze Ränder, die mich jedesmal, wenn er mich berührte, anekelten. Es wurde mir klar, daß ich ihn früher oder später verlassen würde, wenn er sich nicht dafür entscheiden konnte, mit den Drogen endgültig aufzuhören.

Den Mut, mit ihm darüber zu sprechen, hatte ich langsam verloren. Denn jedesmal, wenn ich ihn daraufhin angesprochen hatte, versprach er, daß dies das letzte Mal gewesen sei und er nun endgültig Schluß machen würde.

Auch bevor er mit Paco nach Holland fuhr, versicherte er mir, daß dies nun wirklich das letzte Mal sei. Mit dem Geld, das er dabei zu verdienen hoffte, wollte er sich einen alten VW kaufen und die Führerscheinprüfung ablegen. Er malte sich bereits aus, wie wir zukünftig an Wochenenden gemeinsam ausfahren würden. Ich gab ihm zu verstehen, daß es das Ende unserer Beziehung bedeutete, wenn er tatsächlich mit Paco nach Amsterdam fahren würde. Ich konnte einfach nicht mehr anders.

Zu diesem Zeitpunkt hatte ich bereits Jürg Lewinski, einen Laborantenlehrling aus Zürich, kennengelernt. Auch Stefan kannte Jürg, doch er mochte ihn, aus verständlichen Gründen, nicht besonders gut leiden. Ohne jeden Grund machte mir Stefan wiederholt die größten Eifersuchtsszenen. Jürg hielt sich aus der ganzen Sache raus und sagte höchstens: ‹Die Entscheidung liegt bei dir.› Er drängte sich mir in keiner Weise auf und war äußerst zurückhaltend. Aber gerade durch sein Verhalten fand ich bei Jürg jenes Vertrauen und Verständnis, das ich bei Stefan so sehr vermißte.»

Die Entdeckung

«In Amsterdam», beschreibt Paco Walder, «lief alles so reibungslos ab, wie man es uns in Zürich geschildert hatte. Hier zu Heroin zu kommen, war wirklich die einfachste Sache der Welt. Die Dealer standen reihenweise in den einschlägigen Straßen zwischen den Grachten und es fehlte nicht an guten Ratschlägen, wie man den Stoff am besten über die Grenze schmuggeln konnte.
Als wir vier Tage später zurückreisten, entschieden wir uns für die ‹Auspuffmethode›. Dabei wurde das Heroin in das Reservoir eines Präservativs gefüllt, das anschließend dreifach verknotet wurde. Danach umschlossen wir das kleine Plastiksäcklein sicherheitshalber nochmals mit zwei Präservativen, die ebenfalls verknotet wurden. Bevor wir den Zug nach Zürich bestiegen, schluckten wir das Ganze mit einer Flasche Bier hinunter. Am Tag darauf kam dann der Stoff schön verpackt und auf natürliche Weise wieder ans Tageslicht.
Dieser Handel, so rechneten wir auf der Rückfahrt aus, würde uns mindestens das Doppelte des bezahlten Betrages einbringen. Und vom Dope, so kalkulierten wir, verblieben uns immer noch einige Gratisschüsse für den Eigengebrauch.»

In der ersten Septemberwoche 1972 machte Inge Amann im Zimmer ihres Sohnes eine folgenschwere Entdeckung. Beim Abstauben des Bücherregals fand sie hinter einem Stereolautsprecher ein in Silberpapier eingewickeltes Plättchen, das etwa die Größe einer Tafel Schokolade aufwies. Mit dem Inhalt, einer harten, flachgepressten, dunkelbraunen Scheibe, die an den Rändern kantige Bruchstellen aufwies, konnte sie zunächst nichts anfangen. Sie versteckte das silberne Päckchen in der Küche und nahm sich vor, am Abend von Stefan nähere Auskunft zu verlangen.

In Gesellschaft von Lisa, Bea, Paco, Fredy und Gery kam Stefan gegen 21 Uhr nach Hause. Nach einer flüchtigen Begrüßung zog sich Stefan mit seinen Freunden wie üblich sofort in sein Zimmer zurück. Dort entzündeten sie Kerzen und Räucherstäbchen und legten eine Schallplatte auf.
Zusammen mit ihrem Mann, den sie während des Abendessens über ihren eigenartigen Fund informiert hatte, betrat Inge Amann wenig später Stefans Zimmer.
«Kann mir jemand von euch sagen, was das ist?» Sie zeigte den erstaunten Jugendlichen das gefundene Silberpäckchen.
«Wo hast du das her?» wollte Stefan wissen.
«Gefunden. Hier, in deinem Zimmer. Hinter dem Lautsprecher, wenn du es genau wissen willst.»
Die Runde schwieg betroffen. Mit gespannten Augen blickten alle erwartungsvoll auf Stefan, der sichtlich verlegen war.
«Das ist Hasch», sagte Stefan. «Was ist denn schon dabei? Alle rauchen heute Hasch. Willst du mal probieren?»
«Seit wann raucht ihr dieses Zeug?» fragte Stefans Vater.
«Ich weiß nicht», antwortete Stefan. «Seit einiger Zeit. Ist doch nichts dabei. Die Sache ist völlig harmlos. Versuch's doch mal.»
«Und wo hast du das her?»
«Von Kollegen. Ich habe dir doch gesagt, alle rauchen heute Hasch.»
«Das stimmt», meldete sich Paco. «Es ist wirklich nichts dabei. Sie können sich selbst davon überzeugen.»
Inge und Albert Amann schauten sich schweigend an. Sie wußten beide nicht, was sie in diesem Augenblick sagen sollten.
«Und eure Eltern?» fragte Albert Amann in die Runde. «Wissen die auch davon? Zum Beispiel deine, Lisa?»
«Nein», erwiderte Lisa schüchtern. «Bitte, sagen Sie ihnen nichts davon. Ich weiß sonst nicht, was passiert. Sie kennen ja meinen Vater; er ist nicht so verständnisvoll wie Sie.»
«Und dein Vater, Paco?»

«Ich weiß nicht... wahrscheinlich vermutet er es. Aber Stefan hat schon recht», es ist ganz sicher nichts dabei. Hasch ist doch kein Rauschgift, es ist absolut ungefährlich; jeder weiß das.»
«Ich nicht», sagte Albert Amann.
«Dann versuch' es doch selbst», forderte Stefan erneut und streckte seinem Vater ein kleines Pfeifchen hin, aus dem ein süßlicher Rauch qualmte. «Wahrscheinlich spürst du nicht einmal etwas davon.»
«Laß das», unterbrach ihn Bea und wandte sich ihrerseits Stefans Vater zu: «Ich weiß schon, was sie jetzt von uns denken, aber glauben Sie mir, es ist nichts dabei...»
«Man hört in letzter Zeit jedoch einiges darüber», gab Albert Amann mit ruhiger Stimme zu bedenken. «Und zwar nicht nur über Haschisch. Wie steht es denn sonst in Sachen Drogen bei euch? Beispielsweise im Jugendhaus? Ist am Ende also doch etwas dran, was man sich im Dorf erzählt?»
«Scheißgerede», sagte Gery entrüstet. «Nichts als Altweibergeschwätz. Die lügen doch alle.»
«Paß auf, was du sagst», unterbrach Inge Amann.
«Es stimmt schon, was Gery sagt», pflichtete Fredy bei. «Alles nur hirnloses Gerede. Sie wissen doch, wie die Leute sind. Denen geht es nur darum, uns den Laden dichtzumachen.»
«Genau», unterstützte ihn Bea.
«Ich warte immer noch auf eine klare Antwort», beharrte Albert Amann. «Wie steht es im Jugendhaus mit Drogen? Los, Stefan, ich habe dich etwas gefragt!»
«Na ja», gab Stefan zu. «Ab und zu bringt schon einer etwas Stoff mit.»
«Was für Stoff?»
«Nur harmloses Zeug. Aber davon verstehst du ja doch nichts.»
«Am besten geht ihr jetzt nach Hause», unterbrach Inge Amann. «Du bleibst hier, Stefan. Wir möchten mit dir alleine sprechen.»

«Wenn du meinst...? Mehr kann ich euch auch nicht sagen.»
Beim Hinausgehen wandte sich Lisa an Stefans Vater: «Bitte sagen Sie meinen Eltern nichts», bat sie ihn nochmals.
«Was hast du gesagt?» wollte Stefan wissen, der zugesehen hatte, wie Lisa mit seinem Vater sprach.
«Nichts», flüsterte sie.
«Du bist jetzt ruhig und gehst in dein Zimmer!», befahl Albert Amann und begleitete Lisa zur Tür. Stefan sah sie drohend an. Lisa begann zu weinen.
«Ist ja schon gut», sagte Albert Amann. «Ich werde es für mich behalten, sofern dies das letzte Mal war.» Zu Stefans Kollegen gerichtet wiederholte er mahnend:
«Das war doch das letzte Mal, nicht wahr?»
«Ganz bestimmt», sagte Lisa.
Paco und Fredy grinsten verstohlen vor sich hin.
«Bei dir, vielleicht», hörte Albert Amann Bea leise vor sich hin sagen. Dann verschwanden sie im Treppenhaus.

«Schon längere Zeit, bevor mir Stefan bestätigte, was das Päckchen enthielt, hatte ich den Verdacht, daß er mit Drogen in Kontakt gekommen war», sagt Inge Amann. «Es war ein intuitives Gefühl, das ich mir heute noch nicht erklären kann. Ich sprach Albert jedoch nie darauf an. Als wir aber an jenem denkwürdigen Abend mit den Tatsachen konfrontiert wurden, stellte sich in unserem anschließenden Gespräch heraus, daß auch Albert die gleichen Gedanken beschäftigten. Die uns gegenseitig verschwiegene Vorahnung milderte vielleicht die gemachte Erfahrung mit der Realität. Aber dennoch wirkte die Tatsache, vor die wir gestellt wurden, wie ein Schock auf uns. Wir standen der Situation so fassungslos gegenüber, daß wir einfach nicht wußten, wie wir reagieren sollten, ohne etwas falsch zu machen. Zu dieser ratlosen Haltung trug auch unsere Unkenntnis von all dem bei, was mit Haschisch und anderen Drogen zu tun hatte.

An wen sollten wir uns wenden? Mit wem sollten wir darüber sprechen? Was konnten wir dagegen unternehmen? Unfähig, Schlaf zu finden, diskutierten wir die halbe Nacht lang über das Vorgefallene. Je länger wir uns fragten, desto weniger fanden wir eine Lösung, die Hoffnung versprach. In vielen Punkten konnten wir uns auch nicht einigen. Wie schon zuvor, endete das Gespräch in gegenseitigen Vorwürfen.

Meine Angst, daß Stefan den Drogen verfallen könnte, mochte Albert nicht teilen. Er versuchte vielmehr, meine Befürchtungen zu verharmlosen. Das Haschischrauchen schrieb er einfach einer Modeströmung zu, die die jungen Leute von heute ergriffen habe; eine Zeiterscheinung, so meinte er, die mit zunehmender Lebenserfahrung wieder vorübergehen würde.

Gespräche, die wir in jenen Tagen mit Stefan führten, endeten immer wieder in derselben Sackgasse: Sobald wir mit ihm über das Thema Drogen diskutierten, warf er Albert seinen täglichen Whiskykonsum vor und argumentierte damit, daß Alkohol ebenfalls eine Droge sei. Mir gegenüber erhob er Vorwürfe bezüglich meines Medikamentenkonsums, wobei er die Unterstellung nicht verkneifen konnte, ich sei seiner Meinung nach längst tablettensüchtig.

Zwischen Stefans Verhalten während der vergangenen Monate, seiner Arbeitsunlust sowie seinem Widerwillen gegen alles, was von Erwachsenen kam und seinem offensichtlichen Drogenkonsum, sah Albert keinen Zusammenhang. Wo immer ich Probleme sah, nahm er ihn in Schutz und meinte beschwichtigend, auch wir seien in unseren Jugendjahren keine Engel gewesen. In seinen Überlegungen spielte natürlich auch die Angst mit, Stefan könnte erneut mit den Behörden zu tun bekommen. Das wollte Albert unter allen Umständen vermeiden. ‹Laß mich nur machen›, sagte er. ‹Ich werde das mit Stefan schon in Ordnung bringen.› Nie hätte Albert zugegeben, wie stark ihn die Sorgen mit Stefan psychisch belasteten. Er fraß sie einfach in sich hinein und spülte sie mit Whisky hinunter.

So gegensätzlich unsere Meinungen aber auch waren, einige Gemeinsamkeiten hatten wir, neben der grundsätzlichen Sorge um Stefan, dennoch. So fehlte uns beiden eine neutrale Bezugsperson, mit der wir uns aussprechen oder von der wir Ratschläge einholen konnten. Wir fühlten uns, jeder für sich, hilflos und unendlich einsam. Dazu kamen die Angst vor der Selbsterkenntnis, vielleicht als Vater oder Mutter versagt zu haben, und das Eingeständnis, selbst nicht ohne Fehler zu sein. Daraus erwuchsen jene Selbstvorwürfe, die uns handlungs- und entscheidungsunfähig machten. Wir waren so sehr mit unseren eigenen Problemen beschäftigt, die sich bei Stefan wie ein Spiegelbild zeigten, daß wir viel zu spät bemerkten, in welch verzweifelter Situation er in jenen Wochen bereits stand und wie sehr er unsere Hilfe gebraucht hätte.

Indem wir uns aus Angst, Selbstmitleid und Unvermögen für den Weg des geringsten Widerstandes entschieden, überließen wir Stefan sich selbst. Und das ist vielleicht unser größter Fehler gewesen.»

Der Abschiedsbrief

Lisa Rossi machte ihre Drohung Stefan zu verlassen, wahr. «Ausschlaggebend für diese Entscheidung», so Lisa, «war jener Abend, als wir bei Stefan zu Hause beim Haschischrauchen erwischt worden waren. Anschließend, auf dem Nachhauseweg, lachte sich Paco halbtot. ‹Wenn Stefans Alter wüßte, welches Busineß wir in Amsterdam gedreht haben›, sagte er, ‹würde er wahrscheinlich vor Schreck tot umfallen.› Daraufhin erzählte er uns vom Heroindeal, den sie in Holland getätigt hatten. Das nächste Mal, so meinte er, wollten sie in Mailand ihr Glück versuchen.
Von diesem Augenblick an stand für mich das Ende meiner Beziehung zu Stefan fest. Schon am nächsten Tag setzte ich ihn darüber in Kenntnis. Er flehte mich wieder an, ihn nicht zu verlassen, weinte wie ein kleines Kind und versprach erneut, endgültig die Hände von den Drogen zu lassen.
In einer Woche, so sagte ich ihm, sei ich ohnehin nicht mehr in Awyl. Er wußte, daß ich im Herbst in einem Luzerner Hotel eine Lehrstelle antreten würde, doch er hatte die Hoffnung dennoch nicht aufgegeben.
‹Ich habe genügend Zeit, um dich zu sehen›, beteuerte er. ‹Sobald ich Auto fahren kann, komme ich, wann immer du willst, nach Luzern. Du kannst alles von mir verlangen, aber laß mich jetzt bitte nicht hängen.›
Doch mein Entscheid stand fest. ‹Es ist besser, wenn wir uns nicht mehr sehen›, sagte ich. ‹Ich lebe nicht in deiner Drogenwelt, und ich will mit ihr auch nichts mehr zu tun haben. Es ist vorbei, ein für allemal.›
‹Dann ist alles vorbei›, beschwor mich Stefan und ging.
Kurz nach meinem Lehrstellenantritt in Luzern erhielt ich von Stefan einen Abschiedsbrief, dessen Inhalt ich jedoch nicht allzu ernst nahm. Ich kannte ja Stefan und wußte nur zu gut, wie gerne er alles dramatisierte und wie sehr er zu Übertreibungen neigte:

14. September 1972

Liebe Lisa,
wenn Du diesen Brief liest, bin ich vielleicht schon nicht mehr am Leben. Ohne dich hat nämlich alles keinen Sinn mehr. Ich glaube, daß meine Eltern bald Bescheid über alles wissen, auch über die Heroinsache. Es hat keinen Sinn mehr, noch länger zu lügen, irgendwann erfahren sie ja doch, daß ich süchtig bin. Wenn sie mich fragen, werde ich ihnen die Wahrheit sagen, auch über uns. Sie werden das sowenig verstehen wie Du. Niemand versteht mich, außer vielleicht noch mein Vater, aber der hat meinetwegen schon genug Ärger gehabt. Es ist deshalb für alle besser, wenn ich Schluß mache. Lieber so als anders. Sei mir nicht böse.
In Liebe, Dein Stefan»

Der Selbstmordversuch

Als Inge Amann am 15. September 1972, kurz vor 13 Uhr, von der Arbeit nach Hause kam, lag Stefan schlafend im Bett. Da er erst nach Mitternacht nach Hause gekommen war, fand sie nichts Ungewöhnliches dabei. Gegen 15 Uhr wunderte sie sich dann doch über Stefans langen Schlaf. Sie ging in sein Zimmer und versuchte ihn zu wecken.
Stefan lag, dem Bücherregal zugewandt, auf der Seite. Sein Atem ging schwer; er röchelte stoßweise und vor seinem Mund hatten sich Speichelblasen gebildet. Stefan war bewußtlos.
«Wahrscheinlich Schlafmittel in Verbindung mit Alkohol», stellte ein sofort herbeitelefonierter Arzt fest und veranlaßte umgehend die notfallmäßige Einweisung in das Limmatspital.
«Wenn man ihm den Magen ausgepumpt hat, ist er bald wieder auf den Beinen», beschwichtigte er die aufgeregte Mutter. «Der Junge wird das ja wohl nicht absichtlich gemacht haben? Zum Sterben ist er doch noch ein bißchen zu jung. Aber viel hätte nicht gefehlt. Passen Sie in Zukunft besser auf Ihre Medikamente auf, Frau Amann.»
Wieder bei Bewußtsein erklärte Stefan im Spital, Rohypnol geschluckt zu haben. Das Medikament habe er von einem Unbekannten im Zürcher Niederdorf erhalten. Die Absicht, freiwillig aus dem Leben scheiden zu wollen, bestritt Stefan mit dem Hinweis, es müsse sich wohl um ein Versehen gehandelt haben. Bevor er die Tabletten zu sich genommen habe, habe er sehr viel Bier getrunken, und er könne sich beim besten Willen nicht mehr an die Anzahl Tabletten erinnern. Er habe auch nicht gewußt, um was für ein Medikament es sich gehandelt habe. Die Frage des untersuchenden Arztes, ob er drogensüchtig sei, beantwortete Stefan mit nein. Zwei Tage später wurde er nach Hause entlassen.

Genau eine Woche später lag Stefans Vater im gleichen Spital. Anläßlich eines Spazierganges auf den Üetliberg war er plötzlich zusammengebrochen. Die Ärzte diagnostizierten einen schweren Herzinfarkt.

Die süchtigen Jahre

Während sich Stefans Vater im Frühjahr 1973 in Arosa von den Folgen seines Herzinfarktes erholte, beschlossen Stefan und Paco, an der Zweierstraße in Zürich eine gemeinsame Wohnung zu mieten.
«Eine sturmfreie Bude», erzählt Paco, «war schon lange unser Wunsch. Zu Hause konnte ich unmöglich länger bleiben. Nachdem mein Alter im Februar Kenntnis von meinen Haschgeschäften erhielt, warf er mich kurzerhand aus dem Tempel. Stefan ging es nicht viel besser. Nachdem nun auch seine Eltern wußten, wie es in Sachen Haschisch mit ihm stand, hatte er mit seiner Mutter dauernd Probleme und Diskussionen, die ihn nervten. Sie regte sich beispielsweise furchtbar darüber auf, daß Stefan nicht Meister Proper war. Wie ich, ließ auch er die Haare immer länger wachsen, vernachlässigte die Körperpflege und schlief anstatt im Bett nur noch auf einer auf dem Boden ausgelegten Matratze, das Haschpfeifchen immer in Reichweite.
Sowohl vor wie nach seinem Herzinfarkt verstanden wir uns dagegen mit Albert ausgezeichnet. Wir wußten: Er steht trotz allem auf unserer Seite; er versteht uns. Auch was das Haschrauchen betraf, machte uns Albert nie mehr Vorwürfe. Selbst wenn wir mit ein paar Kollegen bei Stefan zu Hause waren, übersah Albert großzügig, daß wir Joints rauchten. Ich glaube, er hatte sich nicht nur damit abgefunden, sondern auch echtes Verständnis. Natürlich wußte er nicht, woher wir den Stoff hatten, doch er fragte auch nie danach. Davon, wie stark wir zu diesem Zeitpunkt in der Zürcher Drogenszene bereits im Geschäft waren, hatte er keine Ahnung. Wir pafften damals bereits jeden Tag.
1972 lief das Drogen-Busineß noch mehrheitlich auf Vertrauensbasis. Kommissionsgeschäfte auf Ehrenwort galten als durchaus üblich. Bis 1976 in großen Mengen Brown

Sugar aus Thailand, Italien und Holland auftauchte, war die Zürcher Szene so etwas wie eine große Familie; jeder kannte jeden und die Kneipen, in denen Marihuana, Hasch, LSD und Koks gehandelt wurden, gehörten zu unseren bevorzugten Treffpunkten: das ‹Blow-Up›, ‹Trolly›, ‹Odeon› und der ‹Turm› ebenso wie der ‹Blutige Daumen›, das ‹Top Spot› oder die ‹Brasserie›.

Der Gedanke, einer geregelten Arbeit nachzugehen, war uns völlig fremd. Wir lebten von Gelegenheitsjobs, halfen mal da, mal dort aus. Geld und materieller Besitz interessierten uns nicht. Was zählte, war die Freiheit, Selbstbestimmung und genügend Dope, um der bürgerlichen Scheißwelt und den gesellschaftlichen Alltagsproblemen zu entfliehen.

Auch die Politik war uns im Grunde genommen gleichgültig. Viele in der Szene amüsierten sich köstlich darüber, wie sich Politiker und Intellektuelle aus allen Lagern verzweifelt darum bemühten, die Drogenszene als alternative Subkultur darzustellen und ihre Mechanismen und Gesetzmäßigkeiten zu analysieren. Kaum einer hatte den echten Durchblick. Daß wir als gesellschaftliche Randgruppe politisch zwangsläufig den Linken zugeordnet wurden, versteht sich von selbst. Denn dort waren jene Kreise zu finden, die für eine Liberalisierung der Drogengesetzgebung eintraten oder die Freigabe von weichen Drogen postulierten.

Die meisten Drogensüchtigen, die ich gekannt habe, engagierten sich politisch nie für diese Ziele. Wozu auch? Schließlich interessierte uns weder diese Gesellschaft noch ihr System, im Gegenteil: Unsere Absicht war vielmehr, aus dieser verlogenen Gesellschaft auszusteigen. Und die Fahrkarte dazu bestand aus Drogen.

Nachdem mich mein Vater zu Hause rausgeworfen hatte, kümmerte er sich überhaupt nicht mehr darum, was mit mir passierte. Ich glaube, er war froh, mich endlich loszuhaben. ‹Wenn du glaubst, daß ich dir eines Tages aus der Scheiße

helfe›, gab er mir auf den Weg, ‹dann irrst du dich gewaltig. Die Eier, die du legst, kannst du in Zukunft selber fressen.›
Noch wußte ich nicht, wie recht er behalten sollte.
Stefans Vater reagierte genau umgekehrt. Er half seinem Sohn, wo immer er konnte. Seine hauptsächliche Sorge galt Stefans beruflicher Zukunft. Immer wieder forderte er ihn auf, eine Arbeit zu suchen oder sich für eine Lehrstelle zu bewerben. Er litt echt darunter, daß sich Stefan für keine seriöse Ausbildung begeistern konnte und sich mit Aushilfsjobs begnügte.
Stefan verstand es großartig, seinen Vater immer wieder hinzuhalten. ‹Für einen Beruf bleibt mir noch genügend Zeit›, meinte Stefan jeweils. ‹Zuerst möchte ich noch ein bißchen das Leben genießen.›
Stefan nützte Alberts Gutmütigkeit bis an die Grenzen des Möglichen aus. Dabei wußte er genau, wie sehr sich Albert Sorgen machte. Während er sich in Arosa zur Kur befand, sagte Stefan: ‹Fünfzig Prozent von seinem Herzinfarkt gehen auf meine Kosten. Der Rest ist Whisky und Geschäftsstreß.›
In den Monaten, als wir an der Zweierstraße wohnten, vergrößerte sich unser Bekanntenkreis aus der Szene immer mehr. Freaks und Junkeys gingen bei uns ein und aus, neue Busineß-Kontakte entstanden und ein Dope löste das andere ab. Die ehemaligen Kollegen aus Awyl sahen wir nur noch gelegentlich. Als das Jugendhaus wegen aufgeflogener Drogenfälle Ende 1972 geschlossen wurde, flachte die Dorfszene ab. Jene Typen, die regelmäßig Hasch rauchten oder Trips einwarfen, verlagerten ihre Aktivitäten nun ebenfalls nach Zürich. Zu ihnen gehörten auch Fredy Baumann und Bea Barbey.
Bea hatte sich inzwischen von Gery getrennt. Nachdem er im Awyler Jugendhaus in einen LSD-Fall verwickelt gewesen war und seine Eltern davon Wind erhalten hatten, entschloß er sich, ganz mit dem Dope aufzuhören. Ähnlich wie Lisa Stefan vor ein Ultimatum gestellt hatte, verhielt sich Gery nun auch gegenüber Bea. Daraufhin gab sie ihm den Laufpaß und schloß sich Fredy an.

In unserer Loge traf Stefan erstmals seit langer Zeit wieder mit Bea zusammen. Sie hatte gerade eine Lehre als Verkäuferin begonnen und besuchte uns fast jeden Tag nach Geschäftsschluß. Vom ersten Augenblick an war es wieder wie in alten Zeiten: Stefan fuhr total auf sie ab, besorgte ihr Hasch und LSD und wich kaum mehr von ihrer Seite.
Obwohl wir reichlich dazu Gelegenheit gehabt hätten, fixten Stefan und ich höchstens ein- bis zweimal im Monat. Nicht etwa aus Angst, heroinabhängig zu werden. Unsere anfängliche Zurückhaltung war vielmehr auf die Gefahr zurückzuführen, mit Horse erwischt zu werden. Während Haschdelikte mit einigen Tagen bedingt über die Bühne gingen, mußte bei Heroin nämlich mit Gefängnis und hohen Geldbußen gerechnet werden. Darauf hatten wir aus naheliegenden Gründen so wenig Bock, wie als Drogenkonsumenten aktenkundig zu werden.
Bea wußte, daß wir uns gelegentlich einen Schuß setzten; sie war ganz geil darauf, selbst einmal zu erfahren, was ein Heroinflash beinhaltet. Wiederholt bat sie Stefan, ihr einen Schuß zu setzen. Erstaunlicherweise wollte dieser während langer Zeit nichts davon wissen. ‹Du kannst paffen, LSD einwerfen oder Koks schnupfen, soviel du willst›, sagte er, ‹aber laß die Hände von diesem Dreckszeug. Ich will nicht, daß du süchtig wirst!›
Am 11. April 1973 wurde Stefan zur Aushebung für die Rekrutenschule aufgeboten. Sämtliche Disziplinen der Turnprüfung (Klettern, Weitsprung, Weitwurf und Schnelllauf) bestand der 179 cm große und 78 kg schwere Kandidat mit der Bestnote 1. Bei der anschließenden sanitarischen Untersuchung wurde er als dienstuntauglich eingestuft. Ausschlaggebend für diesen Entscheid war ein psychiatrisches Gutachten, das nach Stefans Selbstmordversuch erstellt worden war.»

Ein neuer Versuch

Ende Juli 1973 gaben Stefan und Paco ihre gemeinsame Wohnung auf. Nachdem sie die Wohnungsmiete von 750 Franken seit dem vergangenen Mai nicht mehr bezahlt hatten, erhielten sie vom Hausbesitzer August Häusermann die Kündigung. Während sich Paco einer Wohngemeinschaft in Zürich-Schwamendingen anschloß, kehrte Stefan auf Wunsch seines Vaters in die elterliche Wohnung nach Awyl zurück. Unter der Bedingung, daß sich Stefan auf den Herbst für eine Berufslehre entscheiden würde, erklärte sich Albert Amann bereit, für Stefans Mietschuldenanteil in Zürich aufzukommen. Darüber hinaus, so stellte der Vater in Aussicht, würde er Stefan erneut die Möglichkeit bieten, die Führerscheinprüfung abzulegen. Nach vielen Gesprächen entschloß sich Stefan schließlich, auf den 1. September bei der Firma Karoly AG eine Berufslehre als Plattenleger zu beginnen.

«Bis im Frühjahr 1974 ging eigentlich alles gut», erinnert sich Albert Amann. «Stefans Lehrmeister war mit seinen Leistungen zufrieden, und auch in der Gewerbeschule konnte er gut mithalten. Um sicher zu gehen, daß er auch pünktlich an seinem Arbeitsplatz erschien, brachte ich ihn fast jeden Tag mit dem Auto auf die Baustelle und fuhr anschließend in mein Büro. Wann immer es mir möglich war, holte ich ihn nach Arbeitsschluß wieder ab. Ich nahm diesen zusätzlichen und oft umständlichen Aufwand gerne in Kauf, denn es lag mir viel daran, Stefans Entscheidung zugunsten seiner Berufswahl zu unterstützen. Ich wollte ihm nicht nur das Gefühl geben, daß wir zu ihm standen, sondern ihm auch beweisen, wie sehr er sich auf seine Eltern verlassen konnte.

Mit seiner äußeren Erscheinung, die wirklich alles andere als gepflegt war, und seiner grundsätzlichen Lebenseinstellung hatten wir uns inzwischen abgefunden. Die geregelte

Arbeit, seine neuen Kollegen auf dem Bau und das Wissen um unsere Bemühungen bestärkten unsere Hoffnungen auf eine positive Wendung in Stefans Leben.

Einen großen Teil seiner Probleme in den zurückliegenden Jahren schrieb ich Pubertätsschwierigkeiten zu. Was das Haschischrauchen betraf, vermied ich nach Möglichkeit jede unnötige Auseinandersetzung. Noch immer war ich der Überzeugung, daß es sich hier um eine vorübergehende Modeerscheinung handelte, die sich im Laufe der Zeit von selbst legen würde.

Wenn Stefan nach Feierabend Kollegen mit nach Hause brachte, suchten Inge und ich ganz bewußt den Kontakt mit ihnen. Nicht selten diskutierten wir bis spät in die Nacht über die unterschiedlichsten Probleme, mit denen sie sich gerade beschäftigten. Indem wir die gegenseitigen Standpunkte respektierten, entstand ein Vertrauensverhältnis, das mich bezüglich der weiteren Entwicklung von Stefan zuversichtlich stimmte.

Wenn Stefan und seine Freunde bei uns zu Hause Haschisch rauchten, was bei den meisten Besuchen der Fall war, war mir dies lieber, als wenn sie es im Verborgenen getan hätten.

Einen positiven Einfluß auf Stefan erhoffte ich mir auch von Bea Barbey. Er war äußerst verliebt in sie und wir sahen keinen Grund, dieser Beziehung nicht wohlwollend gegenüberzustehen. Leider war Beas Mutter überhaupt nicht dieser Meinung. Sie hatte ihrer Tochter jeden Umgang mit Stefan untersagt, und zwar ausschließlich wegen der Vorkommnisse im Jugendhaus. Wenn sie mit ihm auch nie persönlich gesprochen hatte und ihn nur vom Dorfklatsch her kannte, erblickte sie in Stefan den Rädelsführer für alles, was dort in Sachen Drogen passiert war. Davon, daß Bea selbst Hasch rauchte und, wie ich später erfuhr, auch andere Drogen nahm, hatte sie während Jahren keine Ahnung.

Nachdem Stefan mit seiner neuen Lehre begonnen hatte, sprach ich seinen ehemaligen Lehrer Herbert Hauser darauf

an, ob er nicht Möglichkeiten sehe, Stefan auch auf sportlichem Gebiet wieder zu motivieren. Hauser, der dem Handballclub vorstand, versprach, sich für Stefan einzusetzen.
Leider waren seine Bemühungen, Stefan wieder in die Mannschaft aufzunehmen, erfolglos. Stefan, so erklärte mir Hauser einige Wochen später, sei einfach nicht der Typ, den man in bürgerliche Normen zwingen könne: ‹Weshalb soll man einem Clochard, dem es gefällt, unter einer Brücke zu leben, ein geordnetes Dasein beibringen? Ich glaube, es ist besser, die Tatsache anzunehmen, daß auch ein ausgeflippter Mensch sich wohl fühlen kann. Wenn wir mit allen Mitteln versuchen, Stefan in unsere gesellschaftlichen Normen hineinzudrücken, rebelliert er nur noch mehr.›
Im Mai 1974 bestand Stefan die Führerscheinprüfung auf Anhieb. Er beabsichtigte, einen Kleinkredit aufzunehmen, um einen günstigen Occasionswagen zu kaufen. Ich riet ihm jedoch ab, sich vor Abschluß der Lehre in unnötige Schulden zu stürzen. ‹Wenn du willst›, stellte ich ihm in Aussicht, ‹kannst du ab und zu meinen Wagen haben.› Er ließ sich von meiner Meinung überzeugen und sagte: ‹Ich habe ja noch andere Möglichkeiten, mir das Geld für ein Auto zu verdienen.›
Einen Monat später wußte ich, was er damit gemeint hatte.»

Die Erkenntnis

«Es war an einem Freitagabend im Juni 1974», erinnert sich Inge Amann noch ganz genau. «Stefan verschwand nach dem Abendessen in seinem Zimmer. Er wolle früh zu Bett gehen, sagte er, denn tags darauf würde bei Paco ein Fest steigen, das wahrscheinlich bis zum Sonntagmorgen dauern würde. Als ich gegen 22 Uhr sah, daß in seinem Zimmer noch Licht brannte, öffnete ich die Türe, um nachzusehen, ob er bereits eingeschlafen war.
Weil er seinen Stereo-Kopfhörer aufgesetzt hatte, bemerkte mich Stefan zunächst nicht. Was ich sah, versetzte mich in einen halben Schock: Nur mit Jeans bekleidet, saß Stefan auf der Matratze. Vor ihm flackerte eine Kerze auf dem Boden. Daneben lag ein Silberlöffel und eine halbe Zitrone. Sein rechter Arm war mit einem dünnen Gummischlauch, der oberhalb des Ellbogens verknotet war, abgebunden. Stefan war soeben dabei, eine bleistiftdünne Spritze durchzudrücken, die er sich in den Arm gestochen hatte.
‹Um Gottes willen, was tust du da?› schrie ich entsetzt. Für einen Augenblick erschrak er. Dann sah er mich lächelnd an. ‹Was tust du da?› wiederholte ich, ‹was ist das?› Noch bevor er antworten konnte, rannte ich ins Wohnzimmer. Albert saß vor dem Fernsehschirm.
‹Bitte, komm sofort›, sagte ich aufgeregt. ‹Stefan hat sich soeben eine Spritze gesetzt.› Albert sah mich ungläubig an. Dann sprang er auf und ging in Stefans Zimmer. Völlig niedergeschlagen kam er schon nach kurzer Zeit zurück. Sein Gesicht war kreideweiß. ‹Jetzt ist alles zu spät›, sagte er leise. ‹Stefan nimmt Heroin.›»

«Irgendwie hatte ich befürchtet, daß so etwas kommen könnte», erinnert sich Albert Amann an den Tag dieser Erkenntnis. «Doch jedesmal, wenn ich an eine solche Möglichkeit dachte, schob ich den Gedanken weit von mir weg. Ha-

schisch war ja damals schon ein Schreckwort, und von harten Drogen wie Heroin wußten wir so gut wie nichts. Als ich Stefan mit der Spritze in der Hand erblickte, reagierte ich völlig hilflos. Eine unheimliche Leere breitete sich in mir aus. Ich war nicht einmal mehr imstande, ihn anzusprechen. Wir schauten uns nur kurz an und in diesem Augenblick wußten wir beide, was im anderen vorging. Es war, als ob er heimgekommen wäre, um uns zu sagen: ‹Ich bin soeben zum Tode verurteilt worden.›
Vielleicht bin ich Stefan nie näher gewesen, als in dieser verzweifelten, elenden Situation.»

Zwischen Heu und Horse

Am 30. Juli 1974 gab Stefan seine Lehre als Plattenleger auf. «Nachdem ihn seine Eltern beim Fixen erwischt hatten», erinnert sich Bea Barbey, «ließ er sich total gehen. Er erkannte, daß er vom Heroin schon viel abhängiger war, als er es sich bisher zugestanden hatte. ‹Ich kann nur noch arbeiten, wenn ich mir einen Schuß gesetzt habe›, sagte er und fügte entschuldigend hinzu: ‹Ich weiß, du verstehst das nicht, aber ich ertrage dieses Leben nur noch mit Heroin. Alles andere beelendet mich bis zum Kotzen. Früher oder später hätten es meine Alten ja doch erfahren›, bemerkte er resigniert. ‹Sie tun mir wahnsinnig leid, aber ich kann es nicht ändern. Auch sie werden wahrscheinlich nie verstehen, weshalb ich Gift brauche. Aber sie nehmen ja auch Drogen›, verteidigte er sich. ‹Inge verschlingt ihr Saridon zum Frühstück und Albert ist von seinem Whisky abhängig. Natürlich behaupten sie, das sei nur meinetwegen. Doch ebenso könnte ich sagen: ich nehme mein Gift euretwegen. Nein, verstehen werden sie das nie oder vielleicht erst, wenn es zu spät ist. Aber dann spielt es auch keine Rolle mehr. Es wird für alle das Beste sein, wenn ich zu Hause wieder ausziehe. Albert und Inge drehen sonst noch ganz durch.›»

Abgesehen von einigen Wochen, die er in Pacos Wohngemeinschaft in Zürich-Schwamendingen verbrachte, wohnte Stefan bis zum 30. November 1974 mehrheitlich bei seinen Eltern in Awyl. Seinen Lebensunterhalt bestritt er wieder mit tageweisen Gelegenheitsarbeiten, dem väterlichen Taschengeld sowie mit Hasch- und LSD-Geschäften, denen er sich immer regelmäßiger zuwandte. Doch auch die Abstände, in denen er nun Heroin spritzte, wurden immer kürzer.
Das mit den Heu-Deals verdiente Geld reichte Stefan bald nicht mehr aus, um die immer häufiger werdenden Schüsse zu finanzieren.

Im August nahm Stefan bei der Ako-Bank einen Kleinkredit über 4000 Franken auf, der ihm anstandslos gewährt wurde. Zusammen mit Paco wollte er mit diesem Geld nach Marokko fahren. Sie beabsichtigten, damit eine größere Menge Heu zu kaufen.

«Wir fuhren an einem Wochenende mit meinem Motorrad los», erinnerte sich Paco Walder. «Über Italien, Frankreich und Spanien wollten wir unser Ziel erreichen. Doch kurz vor Mailand war Endstation. Bei einer Pavesi-Raststätte hielten wir für ein schnelles Bier an. Als wir zurückkamen, war das Motorrad geklaut. Den größten Teil des Geldes hatte Stefan in der abschließbaren Seitentasche des Motorrades verstaut. Wir standen da wie die Idioten. Es blieb uns nichts anderes übrig, als per Autostop Mailand zu erreichen. Das verbliebene Geld reichte gerade noch aus, um uns zu besaufen und mit der Eisenbahn wieder zurück nach Zürich zu fahren.»

Als die erste Rate für die Rückzahlung des Kleinkredites fällig wurde, gestand Stefan seinem Vater die eigentliche Absicht der verunglückten Marokko-Reise. Albert Amann übernahm Stefans Schulden.

«Was sollte ich denn tun?» fragt er sich heute. «Mir blieb doch keine andere Wahl. Natürlich hätte ich ihm sagen können: Das geht mich nichts an, das ist deine Sache. Aber ich sah doch, wie es um ihn stand, wie er physisch und psychisch immer mehr unter seiner Abhängigkeit litt. Er war diesem Gift ausgeliefert und wir hatten keine Ahnung, wie wir ihn aus dieser Situation herausbringen konnten.

Dazu kam die Angst, daß Verwandte und Bekannte etwas merken könnten, daß Stefan wieder mit den Behörden in Konflikt geraten oder erneut straffällig werden könnte. Unter keinen Umständen durfte Stefan in die Beschaffungskriminalität hineinschlittern. Allein schon die Vorstellung, daß er sich Geld für die Drogen auf kriminellen Wegen beschaffen könnte, raubte mir beinahe den Verstand. Noch immer hatte ich die Hoffnung auf eine bessere Zukunft nicht auf-

gegeben. Immer noch glaubte ich, es würde sich um eine vorübergehende kritische Lebensphase handeln. Auch wenn sie in ihrer Konsequenz noch so schwerwiegend war.
Schon vor der Marokko-Reise hatte mir Stefan wiederholt Geld aus der Brieftasche gestohlen. Einmal waren es fünfzig, ein andermal hundert, dann zwanzig Franken. Wenn ich ihn darauf ansprach, sagte er jedesmal: ‹Ich habe es dringend gebraucht, aber ich gebe es dir bestimmt wieder zurück.›
Tatsächlich kam er manchmal nach Hause und wollte mir Geld geben, doch ich lehnte jedesmal ab. Solange er Vertrauen zu mir hatte, redete ich mir ein, würde sich ein Weg aus seinen Problemen finden lassen. Ich durfte ihn in seiner Verzweiflung jetzt nicht alleine lassen. Er war mein Sohn und ich glaubte, es ihm als Vater schuldig zu sein, auch in schwierigen Zeiten voll und ganz hinter ihm zu stehen. Deshalb gab ich ihm auch Geld. Ich ging davon aus, er würde sich mir dadurch verpflichtet fühlen, aber nicht gezwungen sein, sich das Geld auf kriminellem Wege zu beschaffen. Natürlich waren meine Mittel nicht unbeschränkt. Immer häufiger mußte ich unser Erspartes angreifen. Geld, das wir in der Hoffnung auf eine bessere Zukunft über viele Jahre hinweg für Stefan und Erika zurückgelegt hatten.»
Zu den Drogenlieferanten, mit denen Paco und Stefan bereits an der Zweierstraße regelmäßig in Kontakt standen, gehörte auch der 24jährige Denis Obrist aus Rapperswil. Er war es, der die beiden Anfang November 1974 auf eine freistehende Vierzimmerwohnung im Zürcher Oberland aufmerksam machte. Zusammen mit zwei Kollegen aus der Wohngemeinschaft in Zürich-Schwamendingen entschlossen sich Stefan und Paco, auf den 1. Dezember 1974 dort einzuziehen.
Der Zufall wollte es, daß Albert Amann in einem benachbarten Dorf den Schreinereibesitzer Aloys Beck kannte. Besorgt um seinen Sohn, bat er Beck, Stefan in seinem Betrieb zu beschäftigen. Beck willigte ein und bot Stefan auf den 3. Januar 1975 eine Stelle als Hilfsarbeiter an.

«Stefan nahm diesen Job nur an, um seinen Vater bei der Stange zu halten», erinnert sich Paco Walder. «Er wußte zu gut, wie sehr er auf Albert angewiesen war. ‹Lange wird es ohnehin nicht dauern›, sagte Stefan im voraus, ‹aber ich glaube, es ist besser, wenn sich Albert ein bißchen beruhigt.›

Weil er es mit den Arbeitszeiten nicht besonders genau nahm, war Stefan an seinem Arbeitsplatz von Anfang an nicht besonders beliebt. Sein ausgeflipptes Aussehen stempelte ihn nicht gerade zum Helden der Arbeit.

Stefans einziges Interesse galt der Kohle, die er alle vierzehn Tage ausbezahlt erhielt. Damit ließ sich manch ein zusätzliches Busineß abschließen.

Mit Denis standen wir zu jener Zeit am besten im Geschäft. Gehandelt wurde vor allem mit Heu, Koks und Speed. Denis hatte damals irgendwo einen sagenhaften Heustock aufgerissen: Er verfügte pfundweise über Hablis. Monatelang war er unser Hauptlieferant.

Die Deals wurden meistens am Abend gedreht; entweder bei uns in der Wohnung oder im Restaurant ‹Anker› in Rapperswil. Damit bei einer allfälligen Hausdurchsuchung in unserer neuen Loge kein Dope gefunden werden konnte, fuhr Stefan meistens nach Awyl, um in seinem Zimmer jene Portionen aufzuteilen, die er anschließend an der ‹Riviera›, am Hirschenplatz oder in den Zürcher Szenen-Restaurants verkaufte. Solange er nicht in Awyl wohnte, glaubte er, wäre der Stoff in der Wohnung seiner Eltern am sichersten aufbewahrt. Denn im Ernstfall würde die Polizei dort nicht suchen. Darin sollte er sich bald gewaltig täuschen.

Heroin beschafften wir uns während der Rapperswiler-Zeit zweimal – mit der bewährten ‹Auspuffmethode› – direkt aus Italien. Neben Amsterdam war Mailand die Nummer Zwei im Busineß. Horse war dort zwar nicht so rein erhältlich, dafür billiger. Die Grammpreise schwankten zwischen 200 und 300 Franken. Weitere Vorteile der Mailänder-Sze-

ne – in den Parkanlagen nahe beim Hauptbahnhof – lagen im viel kürzeren Anfahrtsweg sowie bei den sorglosen Zollkontrollen an der Tessiner Grenze.
Bei unserem zweiten Mailand-Trip im April 1975 geschah zu Hause ein unerwarteter Zwischenfall. Irene Bleisch, die 19jährige Freundin von Jeff Moser, einem der beiden Junkeys, mit denen wir die neue Loge gemietet hatten, setzte sich während unserer Abwesenheit den ‹goldenen Schuß›. Überdosis. Sie starb wenige Stunden später im Spital. Jeff Moser und Bruno Neuenschwander wurden eingebuchtet und drückten nachher monatelang im Dorf die Bank.
Jeff und Bruno deckten uns bei den Einvernahmen total. Beide wußten zu gut, daß nur noch höhere Strafen in Aussicht standen, wenn sie uns verzinkten.
Irenes Tod hatte auf unseren Drogenkonsum keinen Einfluß. Wie alle Junkeys kannte sie das Risiko. Sie hatte einfach Pech. Jeder Fixer weiß um die Möglichkeit, an einer Überdosis, an schlechtem oder zu reinem Stoff draufzugehen. Da jedoch die Angst vor dem Leben bei einem Junkey viel ausgeprägter ist als die Angst vor dem Sterben, hat man als Fixer eine andere Einstellung zum Tod. Man beschäftigt sich gar nicht mit ihm, im Gegenteil, man nimmt ihn als jederzeit mögliche Selbstverständlichkeit in Kauf. Der ‹goldene Schuß› ist nicht von ungefähr das Höchste, das Größte von allem.
Die im Heroin steckende Faszination ist vielleicht mit dem Job eines Autorennfahrers vergleichbar. Der hört mit seiner Tätigkeit ja auch nicht auf, wenn sich einer seiner Kollegen das Genick bricht. Im Gegenteil, die Verklärung, die in der Rennleidenschaft steckt, die Geilheit des Geschwindigkeitsrausches, wird durch das Wissen, daß der Tod mitfährt, noch größer. In der Nähe des Todes lebt und erlebt man viel intensiver. Das wußten schon die alten Griechen.»

Anfang Mai 1975 gab Stefan seinen Hilfsschreiner-Job bei Beck auf. Er zog wieder nach Awyl zu seinen Eltern.
«Unsere Loge wurde langsam zu heiß», berichtet Paco. «Aber es war trotzdem zu spät. Einen Monat später schnappten sie Stefan.»

Die Verhaftung

Am Montag, dem 9. Juni 1975, kurz vor ein Uhr mittags, meldete sich eine männliche Person, die ihren Namen nicht preisgeben wollte, telefonisch beim Detektivbüro der Stadtpolizei Zürich. Der Unbekannte informierte den diensttuenden Beamten über eine Beobachtung, die er an der Olgastraße im Niederdorf wiederholt habe machen können. Ein junger, großgewachsener und blonder Bursche halte dort in einem Gebüsch ein verdächtiges Paket versteckt. Man könne ja nie wissen, meinte der Unbekannte.
Aufgrund dieser Meldung kontrollierte Detektiv-Wachtmeister Bernhard Geisser das angebliche Versteck. Er stellte eine Plastiktasche sicher, in der sich sieben säuberlich abgepackte Haschportionen befanden. Auf Anweisung seiner Vorgesetzten überwachte Geisser den Fundort. Er brauchte nicht lange zu warten: Bereits nach wenigen Minuten erschien Stefan Amann, blickte sich kurz um und holte die Tasche aus dem Versteck. Wachtmeister Geisser hielt Stefan an, gab sich zu erkennen und führte ihn auf das Detektivbüro ab.
Über seinen Umgang mit Betäubungsmitteln befragt, gab Stefan nach einer zweistündigen Einvernahme folgendes Geständnis zu Protokoll:
«Seit rund drei Jahren war ich durchschnittlich täglich einmal im Besitz von Haschisch, das ich alleine oder zusammen mit Kollegen geraucht habe. Meine ersten Drogenkontakte hatte ich mit 14 Jahren. Das geschah vor allem aus Neugier. Während der Bunker-Zeit konsumierte ich in größeren Abständen Mescalin-Tabletten und LSD-Trips. Am 5. Juni 1975 kaufte ich an der ‹Riviera› von einer mir nicht bekannten Person 100 Gramm Haschisch zum Preis von 500 Franken. Den Stoff teilte ich hernach an meinem Wohnort in Awyl in elf Portionen auf und bereitete ihn zum Weiterverkauf vor. 5,2 Gramm behielt ich für den Eigenkonsum

zurück. Am 6. Juni verkaufte ich eine und am 9. Juni zwei weitere Portionen zu je 70 Franken an mir unbekannte Personen. Die restlichen acht Portionen konnte ich nicht mehr verkaufen; sie müssen sich noch in der Plastiktasche befinden.
In der Zeit von Anfang 1974 bis zu meiner Verhaftung habe ich in Rapperswil und Zürich Haschisch gekauft, konsumiert und geringe Mengen weiterverkauft. Einen Gewinn habe ich dabei nicht gemacht.»
Bei einer Hausdurchsuchung, die am 10. Juni 1975 bei Stefans Eltern in Awyl stattfand, wurden in Stefans Zimmer weitere 7,4 Gramm Haschisch konfisziert.
Am 5. November 1975 wurde Stefan von der Bezirksanwaltschaft Zürich der Strafbefehl zugestellt:
«Der Angeschuldigte ist in tatsächlicher und rechtlicher Hinsicht geständig. Sein Verhalten erfüllt objektiv und subjektiv die Tatbestände von Art. 19 Ziff. 1 Abs. 2 und 4 des Bundesgesetzes über die Betäubungsmittel. Er ist daher der wiederholten und fortgesetzten Widerhandlung im Sinne dieser Gesetzesbestimmungen schuldig zu sprechen.
Bei der Strafzumessung fällt strafverschärfend die wiederholte Tatbegehung ins Gewicht. In Würdigung aller Umstände sowie unter Berücksichtigung der persönlichen Verhältnisse ist eine Freiheitsstrafe von einem Monat Gefängnis und eine Buße von 200 Franken seinem Verschulden angemessen. Die mit einem Tag erstandene Polizeihaft ist auf die Freiheitsstrafe anzurechnen. Da Aussicht auf Bewährung besteht, wird ihm der bedingte Strafvollzug gewährt. Die Probezeit ist auf zwei Jahre anzusetzen.»

Beas Einstieg

Für Stefan bestand zu diesem Zeitpunkt längst keine Aussicht auf Bewährung mehr. Seine Suchtabhängigkeit war zu diesem Zeitpunkt bereits so weit fortgeschritten, daß ein erfolgversprechender Weg zurück nur noch über eine Entziehungskur möglich gewesen wäre. Doch davon wollte Stefan noch nichts wissen.
«Daß er nunmehr als Dealer und Drogenkonsument aktenmäßig erfaßt war», erinnert sich sein Vater, «beeindruckte Stefan überhaupt nicht. ‹Die haben mich zum ersten und zum letzten Mal erwischt›, glaubte er. Doch Inge und ich befürchteten, daß dies der Anfang vom Ende war.
Über die Möglichkeit einer Entziehungskur ließ sich mit ihm nicht sprechen. ‹Ich bin nicht süchtig›, behauptete er immer wieder. ‹Ich habe alles unter Kontrolle.›
Unsere Angst wuchs mit jedem Tag. Der Anfang seines körperlichen Zerfalls nahm erste Konturen an. Er aß immer weniger und verlor ständig Gewicht. Seine Gesichtszüge fielen ein. Er wirkte nervös, schlief unruhig, litt unter Depressionen und Angstzuständen. Doch kaum hatte er sich einen Schuß gesetzt, war er wieder wie verwandelt, fühlte sich rundum glücklich, war gesprächsfreudig und sah alles nur positiv.
Von 1976 an bat er mich immer häufiger um Geld. Meistens mußte er damit Schulden, die er in der Szene gemacht hatte, zurückbezahlen. Ich half ihm, so gut ich konnte, aber ich wußte auch: Lange konnte es nicht mehr so weitergehen; meine Verzweiflung und meine Ängste wurden mit jeder Woche unerträglicher. Aber dennoch wagte ich es immer noch nicht, mich jemandem anzuvertrauen, mit jemandem über alles zu sprechen. Heute weiß ich, daß das wohl der größte Fehler war, den ich je in meinem Leben begangen habe.»

Im März 1976 verließ Stefan die elterliche Wohnung einmal mehr. Mit Paco Walder und Denis Obrist schloß er sich einer Wohngemeinschaft an, die in einem kleinen Dorf im Kanton Appenzell ein Haus gemietet hatte. Paco, der damals bereits täglich die Nadel ansetzte, entschloß sich hier erstmals, einen Entzugsversuch zu unternehmen. Er scheiterte bereits nach wenigen Tagen:
«Es war grauenhaft. Ich konnte überhaupt nichts mehr essen, erbrach den ganzen Tag, fand keinen Schlaf und schrie vor Schmerzen. Sobald ich aufstand, schiß ich in die Hosen. Es war unmöglich, den Stuhl zurückzubehalten. Am vierten Tag wurden die Schmerzen in Rücken und Magen so unerträglich, daß ich aufgab. Für einen Schuß hätte ich in diesem Augenblick alles getan.»
Paco war nicht der einzige, der in der Appenzeller Kommune einen Entzug versuchte. Immer wieder kamen Junkeys aus Zürich, St. Gallen und Winterthur, um in der ländlichen Wohngemeinschaft den Trip zurück zu wagen. Keiner schaffte es. Im Gegenteil: «Freaks, die uns besuchten und noch nicht süchtig waren», erzählt Paco, «wurden es spätestens hier.»
Zu ihnen gehörte auch Bea Barbey. Sie besuchte Stefan fast jedes Wochenende und bat ihn solange um einen Schuß, bis er endlich nachgab. Er setzte ihr die Nadel eigenhändig in den Arm.
«Danach», berichtet Bea, «haben wir jedes Wochenende zusammen gefixt. Es war vielleicht die schönste Zeit, die ich mit Stefan erlebt habe. Wir lebten in einer unantastbaren Traumwelt: Sobald wir uns einen Schuß gesetzt hatten, konnten wir uns selbst sein.»

Der Abstieg

«Einige Wochen bevor Paco und seine Kollegen ihr Haus im Appenzellischen aufgeben mußten», erinnert sich Bea Barbey, «schenkte ich Stefan einen Hund. Ich hatte ihn über eine Zeitungsanzeige gefunden. Er sah aus wie ein schneeweißer Berner Sennenhund. Stefan hatte sich zuvor oft darüber beklagt, wie einsam er sich während meiner Abwesenheit unter der Woche fühle, und da er Tiere sehr gern hatte, glaubte ich, ihm mit dieser Straßenmischung eine Freude machen zu können. Stefan verliebte sich auf der Stelle in den drolligen Vierbeiner. Obwohl es ein Männchen war, gab er ihm einen Mädchennamen: Dascha. Die beiden wurden unzertrennlich und auch Albert und Inge, die wir oft besuchten, schlossen den Hund sofort in ihr Herz. Mit der Verhaftung von Paco Walder endete Anfang September 1976 unsere Appenzeller Traumzeit. Stefan zog wieder zu seinen Eltern nach Awyl und nahm im Restaurant ‹Walliser-Keller› im Niederdorf eine Stelle als Küchenbursche an. Er litt unter fürchterlichen Angstzuständen, weil er glaubte, daß ihn Paco während der Verhöre verzinken würde. Auch ich rechnete jeden Tag mit Stefans Verhaftung. Doch Paco erwies sich als zuverlässiger Freund. Er schwieg.»

«Es wäre einfach gewesen, Stefan ebenfalls hochgehen zu lassen», berichtet Paco über seine Verhaftung, «aber ich hätte daraus keinen Vorteil erreicht, im Gegenteil. Wahrscheinlich hätte man mir nur noch einige andere Deals angehängt. Während der Einvernahme merkte ich bald, wieviel die Polizei wußte. Es war einiges mehr, als wir geahnt hatten. Ich gab lediglich zu, mit Stefan gelegentlich gefixt zu haben. Ansonsten verhielt ich mich so, wie es jeder andere Junkey in dieser Situation tut: Ich war nur dort geständig, wo man mir unwiderlegbare Beweise auf den Tisch legen konnte.

Da ich wegen früherer Betäubungsmitteldelikte und als Drogenabhängiger bereits aktenkundig und somit rückfällig war, fiel die Quittung auch entsprechend aus: Wegen Besitz, Handel und Verkauf von Heroin, Koks und LSD wurde ich zu 33 Monaten Regensdorf verurteilt. Das bedeutete im Klartext: Zwangsentzug in der Zuchthauszelle und über zwei Jahre weg vom Fenster. Wenn mir damals einer gesagt hätte, daß mir diese Verurteilung das Leben retten würde, hätte ich ihm das Gehirn aus dem Kopf geblasen.

Stefan sah ich während meinem Zuchthausaufenthalt nur noch einmal. Kurz vor seinem zweiten Selbstmordversuch im Dezember 1977 besuchte er mich überraschend im Regensdorf. Als er mir im Besuchszimmer gegenübersaß, hatte ich zunächst Mühe, ihn wieder zu erkennen. Er bot einen erbärmlichen Anblick. Sein einst so sportlicher Körper war bis auf die Knochen abgemagert. Die langen Haare hingen ihm fettig über das gelbliche Gesicht, und ein Blick in seine Augen genügte, um festzustellen, daß er total verladen war.

Weit ausschweifend erzählte er mir von seiner Verurteilung, die drei Monate zurücklag und von der einmonatigen Strafe, die er Anfang 1978 im Bezirksgefängnis von Horgen antreten mußte. Er wollte unbedingt wissen, wie sich ein Zwangsentzug in der Zelle auswirkte.

‹Mindestens ein Jahr von meiner Strafe›, sagte ich ihm zunächst, ‹sitze ich hier dafür ab, daß ich dich nach meiner Verhaftung gedeckt habe. Und jetzt kommst du her, mit 30 läppischen Hoteltagen und verlangst gute Ratschläge von mir.› Ich war stinksauer auf ihn. Dann tat er mir plötzlich nur noch leid.

‹Dreißig Tage›, sagte ich, ‹reißt du mit der linken Arschhälfte ab. Aber für einen Entzug reicht das nicht aus. Es sei denn, du verzichtest freiwillig auf die Medikamente, die man dir gibt. Aber so, wie ich dich kenne, kann ich dir in einem solchen Fall nur noch gute Reise wünschen.› Ich beschrieb ihm schonungslos die Entzugserscheinungen, mit denen er zu rechnen hatte. Er brach schon vom Zuhören beinahe zusammen.

‹Ich checke es überhaupt nicht mehr›, wechselte Stefan das Thema. ‹Auf dem Markt ist nur noch Dreck-Sugar. Du glaubst nicht, wieviel Kohle ich zurzeit brauche. Am liebsten würde ich aussteigen, aber du weißt ja, wie das ist. Entweder man schafft es, oder man geht drauf.›

Kurz darauf verabschiedete er sich. Bis auf die Nachricht von seinem Tod, die ich kurz vor meiner Entlassung erhielt, habe ich nie wieder etwas von ihm gehört. Mein Vater, der während meiner Haftzeit wieder Kontakt mit mir aufgenommen hatte, kam zu Besuch und sagte so nebenbei: ‹Übrigens: Stefan ist gestorben.›

Das war alles.»

Am 15. Dezember 1976 wurde Stefan in der elterlichen Wohnung verhaftet. Die Aussagen von Denis Obrist, der von der Polizei einige Wochen zuvor festgenommen worden war, hatte zu einer nahtlosen Beweiskette für einen Teil von Stefans Drogendelikten geführt. Bei den Einvernahmen, die zwei Tage dauerten, verhielt sich Stefan genau gleich wie Paco: Er gab nur zu, was nicht zu widerlegen war. Doch auch das, was übrigblieb, genügte dem untersuchenden Bezirksanwalt, Ulrich Bodmer, zu einer eindrucksvollen Anklageschrift:

- *«Der Angeklagte Stefan Amann hat wiederholt und fortgesetzt unbefugt Betäubungsmittel gekauft, sonstwie erlangt, verkauft, vermittelt und in Verkehr gebracht. Dabei handelte er als Mitglied einer Bande, die sich zur Ausübung des unerlaubten Betäubungsmittelverkehrs zusammengefunden hatte. Durch den gewerbsmäßigen Umsatz erzielte er einen erheblichen Gewinn. Ferner hat der Angeklagte wiederholt und fortgesetzt Betäubungsmittel konsumiert:*

- *In einer nicht mehr bestimmbaren Nacht im Frühjahr 1975 übernahm Stefan Amann am Waldrand beim Zoo in Zürich 7 von Denis Obrist 200 Gramm Haschisch zum Preis von 1100 Franken. Darauf erstellte er an seinem Wohnort in Awyl 20 Zehngramm-Portionen, die er anschließend zum Preis von 60 bis 70 Franken an unbekannte Personen in Zürich, Schlieren und Awyl verkaufte. Dabei erzielte er einen Reingewinn von 120 Franken.*
- *Im Juni 1975 nahm Stefan Amann von Denis Obrist an der Tramendstation ‹Farbhof› in Zürich 9 ein Kilogramm Haschisch zum Preise von 3800 Franken in Kommission. für den Eigenkonsum zweigte er eine geringfügige Menge ab. Den weitaus größten Teil, ungefähr 100 Portionen zu 10 Gramm, verkaufte er anschließend an unbekannte Personen zum Preis von 60 bis 70 Franken. Dadurch erzielte er einen Reingewinn von 2200 Franken.*
- *Im Februar 1976 nahm der Angeklagte wiederum von Denis Obrist in Wohlen/Aargau 200 Gramm Haschisch zum Preis von 1000 Franken in Kommission, erstellte daraus an seinem Wohnort kleinere Portionen und verkaufte diese zum Preis von total 1200 Franken.*
- *Im Verlaufe des Frühjahrs 1976, vermutlich im April oder Mai, kaufte Stefan Amann beim Schiffsteg in Thalwil von Denis Obrist dreimal größere Mengen Haschisch, insgesamt 7 Kilogramm zum Preis von 29 400 Franken. Davon verkaufte er 3,5 Kilogramm an Peter Lauscher, 1,5 Kilogramm an Rudolf Kriesi, 200 Gramm an Willy Hofstetter und 200 Gramm an Wendelin Straub. Die restlichen 1,6 Kilogramm verkaufte der Angeklagte an mehrere unbekannte Personen, wobei er von den Käufern pro Kilogramm einen Preis von 4800 Franken forderte, somit insgesamt 33 600 Franken einnahm und einen Reingewinn von 4200 Franken erzielte.*
- *Vermutlich ebenfalls im Frühjahr 1976 kaufte Stefan Amann von Denis Obrist in Thalwil ein Kilogramm Ha-*

schisch für 4200 Franken, das er Wendelin Straub unmittelbar danach für 4500 Franken weiterverkaufte.
- *In der Zeit von November 1975 bis zu der am 15. Dezember 1976 erfolgten Verhaftung kaufte Stefan Amann regelmäßig Haschisch, das er in der beschriebenen Weise an seinem Wohnort in kleinere Portionen aufteilte und anschließend verkaufte.*
- *In den Monaten Juli und August 1976 konsumierte der Angeklagte regelmäßig Heroin, wobei er wöchentlich zwei bis drei Gramm zum Grammpreis von 300 Franken von unbekannten Personen ‹auf der Gasse› in Zürich kaufte.*
- *Der Strafantrag lautet 18 Monate Gefängnis, wobei die erstandene Polizei- und Untersuchungshaft anzurechnen ist. Unter Ansetzung einer längeren Probezeit kann der bedingte Strafvollzug gewährt werden.»*

Am 1. November 1977 wurde von der 1. Abteilung des Bezirksgerichts Zürich das Urteil gefällt:
1. *Der Angeklagte Stefan Amann wird mit 18 Monaten Gefängnis bestraft.*
2. *Der Vollzug der Freiheitsstrafe wird aufgeschoben und die Probezeit auf 4 Jahre angesetzt.*
3. *Der Angeklagte wird verpflichtet, den unrechtmäßig erlangten Erlös von 6900 Franken dem Staate abzuliefern.*
4. *Die Gerichtskosten werden dem Angeklagten auferlegt.*
5. *Die mit Strafbefehl vom 5. November 1975 ausgefällte Strafe von 1 Monat Gefängnis wird vollzogen.*

Bezüglich der weiteren Zukunft von Stefan wurde in der Urteilsbegründung u.a. darauf hingewiesen, «daß das Vorleben des Angeklagten keine gute Prognose zuläßt. Er hat dreimal die Lehre abgebrochen und seither Gelegenheitsarbeiten verrichtet, wobei er sich aber nicht als sehr arbeitsam erwiesen, sondern eher in den Tag hinein gelebt hat.

Sodann ist ihm vorzuwerfen, daß er nach der bedingten Verurteilung vom 5. November 1975 mit dem Delinquieren fortgefahren und den größten Teil der heute zu beurteilenden Delikte während der damals festgesetzten zweijährigen Probezeit begangen hat. Da diese Taten aber einen Komplex von Sucht- und anderen mit diesen in Zusammenhang stehenden Delikten darstellen, erscheint sein Verhalten in einem etwas milderen Licht, wird doch ein Suchttäter von der ihn beherrschenden Sucht immer wieder zu neuem Delinquieren getrieben. Zugunsten des Angeklagten spricht, daß er aus eigenem Antrieb die Stadt Zürich verlassen und aufs Land ziehen will, um von den Versuchungen des hiesigen Drogenmilieus endgültig loszukommen.»

«Stefan hatte alles andere im Sinn, als aufs Land zu ziehen», erinnert sich Bea Barbey. «Diese Aussage vor Gericht war eine reine Schutzbehauptung. Tief in seinem Innern hatte sicher der Wunsch gesteckt, vom Heroin wegzukommen, doch in den Monaten, als die Untersuchung gegen ihn lief, stürzte er in der Zürcher Heroin-Szene erst recht ab. Es war einfach zu spät: Die Sucht hatte ihn voll gepackt. Sein ganzes Denken kreiste nur noch um den täglichen Schuß, den er jetzt brauchte.
Mit dem Gerichtsurteil wurde alles noch schlimmer. Stefan wußte, daß er nun für einen Monat ins Gefängnis mußte, und vor dem damit verbundenen Zwangsentzug hatte er eine unbeschreibliche Angst. Auch seine Eltern waren am Rand der Verzweiflung. Albert, der nach wie vor bewundernswert zu Stefan hielt, setzte große Hoffnungen in mich. Er versprach sich von meiner Beziehung zu Stefan wahre Wunder und glaubte, daß es mir gelingen würde, Stefan von einem Entzugsversuch zu überzeugen. Noch wußte er nicht, wie sehr ich selbst damit kämpfte, vom Heroin loszukommen.
Abgesehen davon war meine Beziehung zu Stefan in den vergangenen Monaten sehr einseitig geworden. Ich wußte, wie

sehr er an mir hing, doch meine Gefühle für ihn bestanden bald nur noch aus Mitleid. Er schien das auch zu spüren, doch ich brachte den Mut nicht auf, ihm die Wahrheit zu sagen. Tatsache war, daß unsere Beziehung für mich eine reine Zweckbeziehung geworden war; ich brauchte Stefan nur dazu, mir Stoff zu beschaffen. Körperlich lieben konnte ich ihn schon lange nicht mehr. Sein vernachlässigter Körper stieß mich immer mehr ab. Wenn er auf der Gasse war, wusch er sich nämlich oft tagelang nicht; seine Fingernägel wiesen pechschwarze Ränder auf und wochenlang lief er in denselben Jeans und T-Shirts herum. Entsprechend war sein Geruch.

Alles deutete darauf hin, daß es bald zu einer Explosion kommen würde, denn bei mir zu Hause wußte man über meine Heroinabhängigkeit inzwischen ebenfalls Bescheid. Natürlich gaben meine Eltern ausschließlich Stefan die Schuld. Ich konnte ihnen doch nicht sagen, wie sehr ich ihn um Heroin angefleht hatte. Dadurch, daß sie ihn in alle Höllen verdammten, wuchs mein schlechtes Gewissen Stefan gegenüber noch mehr. Ähnlich ging es mir mit Stefans Eltern. Sie erwarteten von mir, daß ich ihm aus der Sackgasse helfen würde, und Stefan glaubte, ohne mich nicht mehr leben zu können.

Meine Lage schien ausweglos; ich befand mich in einem totalen Dilemma. Die einzige Rettung, das wurde mir immer bewußter, bestand für mich nur noch darin, möglichst schnell vom Heroin loszukommen. Ich beschloß deshalb, meine Stelle aufzugeben und für ein Jahr nach England zu gehen.

Als ich Stefan kurz vor Weihnachten darüber orientierte, daß ich in Brighton eine Haushaltstelle gefunden habe und gewillt sei, im März 1978 nach England zu fahren, brach er beinahe zusammen. ‹Ausgerechnet, wenn ich dich brauche, bist du nicht mehr da›, warf er mir vor. Ich versuchte ihn zu beruhigen.

‹Komm doch auch nach England, wenn du deine Strafe verbüßt hast›, schlug ich ihm vor. ‹Bis dann können wir uns

ja regelmäßig schreiben. Was meinst du? Zusammen könnten wir es schaffen!›
Ich glaubte an jenem Abend, seine Zustimmung gewonnen zu haben. Aber ich hatte mich getäuscht.
Am 21. Dezember 1977, einen Tag nachdem ihm die Vorladung für den Strafantritt auf den 16. Januar 1978 zugestellt wurde, erhielt ich von Stefan einen Abschiedsbrief:

Liebe Bea,
soeben ist meine Mutter in mein Zimmer gekommen. Ich war eben dabei, die Pumpe auszuwaschen. Ich weiß wirklich nicht mehr, was ich machen soll. Meine Eltern können nicht begreifen, daß ich Gift brauche, damit ich das Leben überhaupt noch ertrage. Bea, Du bist der einzige Mensch, der mich versteht. Ich bin doch ein absolutes Nichts. Ich kann nichts, ich habe nichts und ich werde nie zu etwas kommen. Wenn du das so klar siehst, wie ich es sehe, hat das Leben keinen Sinn mehr. Meine Eltern möchten mich am liebsten in eine Entziehungskur einweisen. Sie begreifen nicht, daß dort das bißchen Lebensgeist, das bei mir noch vorhanden ist, endgültig kaputtgehen würde. Bitte, sei mir nicht böse, aber ich werde mich umbringen. Es wird nicht viele Menschen geben, denen das weh tut. Ich hoffe, daß mein Vater es überleben wird. Nach einer gewissen Zeit können meine Eltern dann endlich wieder ein normales Leben führen. Vor allem brauchen sie sich meinetwegen nicht weiter Sorgen zu machen. Bea, ich werde Dich immer lieben. Bitte, verzeih mir, aber ich kann nicht mehr. Ein letzter Gruß und Kuß für immer.

Dein Stefan

Ich hatte die letzte Zeile kaum zu Ende gelesen, als ich zum Telefon stürzte und Stefans Nummer einstellte. Seine Mutter nahm den Hörer ab. ‹Ich weiß, weshalb du anrufst›, sagte sie. ‹Stefan liegt im Limmatspital. Wir haben ihn noch rechtzeitig gefunden.›»

Die letzten Monate

«Als Stefan am 21. Dezember 1977 ins Limmatspital eingewiesen wurde, arbeitete ich dort als Krankenschwester», erinnert sich Erika Amann. «Er hatte, wie bereits sechs Jahre zuvor, versucht, sich mit Schlaftabletten und Alkohol das Leben zu nehmen. Daß es ihm ernst damit war, habe ich allerdings immer bezweifelt. Wahrscheinlich hat er vielmehr versucht, die Aufmerksamkeit auf sich zu lenken, um bei Albert und Inge weiterhin Mitleid und Verständnis für seine Suchtprobleme zu wecken. Ich war überzeugt: Wenn er wirklich hätte sterben wollen, hätte er sich den ‹goldenen Schuß›, von dem er in den Wochen nach seiner Verurteilung so viel sprach, gesetzt. Die Möglichkeit dazu hatte er. Da ich nicht mehr zu Hause wohnte, hatte ich mit Stefan nur selten Kontakt. Trotzdem wußte ich natürlich genau, wie es um ihn stand und wie sehr meine Eltern unter seiner Abhängigkeit litten. Wir sprachen jedoch nur selten darüber. Sowohl Albert wie Inge versuchten, alles zu verdrängen. Sie machten mit Stefan die Hölle durch. Finanziell ruinierte sich Albert fast vollständig; er arbeitete praktisch nur noch für Stefans Aufwendungen.
Mit einer Entschlossenheit, die durch nichts zu erschüttern war, glaubte Albert trotz allem an das Gute in Stefan. Ich habe ihn in dieser Zeit oft bewundert, auch wenn ich in vielerlei Beziehung nicht seiner Meinung war. Für mich stand fest: Indem er mit niemandem über seine und Stefans Probleme sprach und gegenüber seinen Freunden und Verwandten alles verschwieg oder verharmloste, kapselte er sich nur noch mehr von seiner Umwelt ab. Eine Folge davon war, daß er sich fortwährend in Selbstvorwürfen erging und alle Schuld unentwegt bei sich selber suchte. Es war, als ob Stefan sein zweites Ich geworden wäre.
Inge, die mit ihrer Meinung ganz auf meiner Seite stand, hatte bereits resigniert. Mit den Nerven war sie schon seit

Monaten am Ende; sie brauchte Tabletten zum Einschlafen, Tabletten zum Aufstehen und Tabletten zum Arbeiten. Es hätte mich nicht erstaunt, wenn sie eines Tages einfach nicht mehr erwacht wäre.
Weder meine Mutter noch mein Vater hatten sich während all der Jahre Ferien gegönnt. Ihre Sorge um Stefan stand immer im Mittelpunkt; sie hatte ihre Kräfte verzehrt und aufgebraucht. Und immer wieder war es Albert, der felsenfest daran glaubte, daß Stefan von seiner Suchtkrankheit loskommen würde. Vielleicht war diese Hoffnung die einzige Möglichkeit, alle erlittenen Qualen überhaupt zu ertragen.
In den drei Tagen, während denen Stefan bei uns im Limmatspital lag, besuchte ich ihn in allen Arbeitspausen sowie am Feierabend. Behutsam versuchte ich ihn immer wieder von einer ärztlich begleiteten Entziehungskur zu überzeugen. An seiner Einsicht fehlte es nicht, auch er wußte, daß es andernfalls nur noch einen Ausweg für ihn gab. Doch allein die Vorstellung eines Turkeys riefen in ihm unheimliche Ängste wach.
‹Du hast keine Ahnung, was ein Entzug bedeutet›, sagte er. ‹Das ist qualvoller als verrecken. Ich habe genug durchgemacht, ich will nicht noch mehr Schmerzen.›
‹Wenn du mich brauchst›, legte ich ihm trotzdem nahe, ‹dann laß es mich wissen. Du weißt, ich kenne viele Ärzte, und du weißt auch, daß wir dir helfen können.›
Er versprach, während der bevorstehenden Wochen im Gefängnis darüber nachzudenken.»

Die Haft

Am 16. Januar 1978 trat Stefan im Bezirksgefängnis von Horgen seine einmonatige Strafe an. Bereits am ersten Tag schrieb er nach Hause:

16. Januar 1978

Liebe Eltern,
langsam geht mein erster Tag hier zu Ende. Wenn jeder Tag wie der heutige verläuft, beginne ich spätestens nach einer Woche durchzudrehen. Es ist mir unmöglich, etwas zu essen. Zu den Schmerzen kommt, daß ich mich sehr einsam fühle. Ich kann hier so gut wie nichts tun. Bitte, besucht mich so schnell wie möglich. Es grüßt Euch

Stefan

Vier Tage später schrieb Stefan erneut:

20. Januar 1978

Liebe Eltern,
ich habe mich nun schon ein bißchen eingelebt. Am Morgen kann ich für eine halbe Stunde im Hof spazieren. Von den sieben Häftlingen, die hier sind, kenne ich bis jetzt nur einen noch nicht. Die Schmerzen sind einigermaßen erträglich. Ich habe Medikamente erhalten, aber auch Arbeit. Es ist eine stupide Arbeit, aber wenigstens vergeht die Zeit. Ich vermisse Mamis gute Küche sehr. Heute hat mich der katholische Pfarrer von Horgen besucht. Wir haben uns gut unterhalten. Ich bin für jede Abwechslung dankbar. Nachts finde ich kaum Schlaf und habe grauenhafte Alpträume. Ich liege oft bis spät nach Mitternacht wach. Ich vermisse Euch, Dascha und Bea sehr. Bitte, besucht mich bald. Liebe Grüße

Euer Stefan

Zusammen mit Bea Barbey besuchte Albert Amann am 31. Januar seinen Sohn im Gefängnis. In seiner Zelle beging Stefan an diesem Tag seinen 24. Geburtstag.
«Ich war erstaunt, wie vernünftig wir mit ihm diskutieren konnten», erinnert sich Albert Amann. «Die Entzugserscheinungen, so sagte Stefan, seien dank den Medikamenten, die er erhalte, einigermaßen erträglich. Er war überzeugt, nach seiner Freilassung endgültig vom Heroin loszukommen. ‹Ich werde einen Entzug versuchen›, versprach er und erklärte sich sogar bereit, eine Arbeit zu suchen. Allerdings nur unter der Voraussetzung, schränkte er ein, daß Bea ihren Plan, nach England zu fahren, aufgebe. Denn nur wenn er mit ihr zusammenleben könne, würde er noch einen Sinn im Leben sehen. Er beschwor Bea, ihr Vorhaben aufzugeben.
‹Es ist ja nicht für immer›, beschwichtigte ihn Bea. ‹In einem halben Jahr bin ich wieder zurück. Bitte, versteh mich doch. Es wird sicher alles gut werden.›
Als wir ihn verließen, sah ich ihn zum erstenmal seit vielen Jahren wieder weinen.»

Kurz vor seiner Entlassung am 15. Februar 1978 schrieb Stefan seiner Schwester einen Brief:

Liebe Erika,
wie Du weißt, werde ich in einigen Tagen entlassen. Viel länger würde ich es hier nicht mehr aushalten. Ich drehe beinahe durch. In einem Irrenhaus kann es nicht schlimmer sein. Mit meinem Durchfall sitze ich fast den ganzen Tag auf der Toilette. Ich kann Dir gar nicht beschreiben, wie mir alles weh tut. Schlafen kann ich überhaupt nicht mehr. Ich liege nur auf meiner Pritsche und starre stundenlang an die Decke. Vielmehr als Gift fehlt mir Bea. Du weißt, sie will nach England fahren. Aber das halte ich nicht aus. Ohne sie bin ich einfach verloren. Bitte, sprich mit ihr. Ich weiß sonst nicht, was ich tue. Laß sie von mir grüßen. Vie-

len Dank und liebe Grüße, auch an Albert, Mami und Dascha.

Dein Stefan

Der England-Trip

Nach seiner Entlassung am 15. Februar 1978 wohnte Stefan wieder bei seinen Eltern. Während sich Albert Amann verzweifelt darum bemühte, für seinen Sohn eine passende Stelle zu finden, kontaktierte Stefan wieder seine Kollegen in der Drogenszene.

«Schon am zweiten Abend nach seiner Rückkehr», erinnert sich Bea Barbey, «setzte er sich das Eisen an. Er wollte unbedingt, daß ich mir ebenfalls einen Schuß verpasse. Je länger er davon sprach, desto schwächer wurde auch ich wieder.

‹Für mich ist es das letzte Mal›, sagte ich, als er mir die Pumpe ansetzte, doch schon Sekunden später wußte ich, daß es beim Wunschtraum bleiben würde. Einmal mehr stellte ich fest: Solange ich bei Stefan bleibe, werde ich weiterfixen.

Noch trennten mich zwei Wochen von meiner Abreise nach England. Ich hatte mir den festen Vorsatz gemacht, spätestens dann mit dem Horse aufzuhören. Doch es kam anders. Drei Tage vor meiner Abreise war ich nochmals mit Stefan zusammen. Mein Entschluß, ihn für immer zu verlassen, stand fest.

‹Ich werde dich besuchen›, versprach Stefan. ‹Und wenn du zurück bist, werden wir für immer zusammen sein.›

ich widersprach ihm nicht. Stefan, so dachte ich, würde mich bald vergessen. Ohne mich würde er leben können, nicht aber ohne Heroin. Zum letzten Mal setzten wir uns zusammen einen Schuß.

Am Morgen, bevor ich nach London abflog, erhielt ich von Stefan einen Brief. Er schrieb:

Liebe Bea,
ich weiß, wir haben uns für lange Zeit zum letzten Mal gesehen. Ich vermisse Dich schon jetzt. Du bist in den vergan-

genen zwei Jahren zu meinem wichtigsten Lebensteil geworden. Noch nie habe ich einem Menschen so vertraut wie Dir. Deine Probleme sind auch meine. Wenn ich Dich nicht gehabt hätte, als ich aus dem Knast kam, wäre ich nicht mehr am Leben. Heute macht es mir nur schon die Hoffnung, Dich bald wiederzusehen, unmöglich, mich umzubringen. Ich finde es wunderschön, daß wir uns so gut verstehen. Ich werde Deine schönen Augen, Dein trauriges Gesicht, Deinen lachenden Mund und Deine trotzige Art sehr vermissen.
Ich hätte Dir zum Abschied gerne etwas Schönes geschenkt. Doch das einzige, was ich im Moment zu verschenken habe, ist meine Liebe zu Dir. Sie enthält alles, was man für einen Menschen empfinden kann. Bitte, vergiß das nie. In Gedanken werde ich immer bei Dir sein. Ich wünsche Dir alles Gute und Liebe in England. Bleib so, wie Du bist und schreibe mir bald. Ein lieber Kuß begleitet Dich über den Kanal.
Dein Stefan

Am 14. April 1978 schrieb mir Stefan:

Liebe Bea,
Du glaubst es kaum, aber ich arbeite wieder. Ich hatte keine andere Wahl. Albert hat über 6000 Franken für meine Gerichtskosten bezahlt und ich mußte ihm versprechen, seine Auslagen zurückzuzahlen. Ich arbeite in einer Schlosserei als Hilfsarbeiter und verdiene 2500 Franken im Monat. Die Arbeit ist körperlich so anstrengend, daß ich jeden Tag einen Schuß brauche, um nicht umzukippen. Lange halte ich das nicht mehr durch. Erika meint, ich solle mich für einen Entzug melden, aber ich glaube kaum, daß ich das durchstehen könnte. Ich werde es mir trotzdem überlegen, so kann es ja nicht weitergehen.
Aus Thailand ist in der Szene unheimlich starkes Horse aufgetaucht (Elfenbein-Sugar). Benny hat sich letzte Woche damit den Goldenen gesetzt. So, wie man sich erzählt,

muß es ein unheimlich starker Abgang gewesen sein. Außer Elfenbein ist praktisch nur noch Shit, Koks und Dreckware im Busineß, man muß höllisch aufpassen. Aber Du brauchst keine Angst zu haben, was ich Dir schicke, ist sauber.
Deine lieben Briefe habe ich erhalten. Sobald ich das Geld für ein Ticket zusammen habe, werde ich Dich besuchen. Ich freue mich jetzt schon. Viele liebe Grüße
Dein Stefan

In fast allen Briefen, die mir Stefan nach England schickte, legte er entweder ein Piece Haschisch oder Heroin für einen Schuß bei. Zugegeben, manchmal bat ich ihn auch darum. Denn so sehr ich mich auch bemühte, vom Horse wegzukommen, es gelang mir nicht. Alle meine Vorsätze, in England damit aufzuhören, fielen in sich zusammen. War ich einmal vierzehn Tage lang ohne Stoff, rastete mein Hirn beinahe aus. ich versuchte zwar, mich mit allen Kräften gegen die Abhängigkeit zu wehren, doch die Vorsätze allein reichten nicht aus. Zum ersten Mal realisierte ich in der ganzen Tragweite, wie hoffnungslos ich dem Gift ausgeliefert war. Nur noch zwei Wege standen mir offen: entweder weitermachen und draufgehen oder totaler Entzug.
Anfang Juni 1978 entschloß ich mich, meinen Englandaufenthalt abzubrechen, in die Schweiz zurückzufahren und mich für einen klinischen Entzug anzumelden. Wenige Tage nachdem ich diesen Entschluß gefaßt hatte, stand Stefan vor der Tür. Er hatte sein Versprechen, mich an einem Wochenende in England zu besuchen, wahrgemacht.
Sein Aufenthalt endete drei Tage später mit einer folgenschweren Auseinandersetzung. Schon am Abend nach seiner Ankunft setzte ich ihn von meinem Entschluß in Kenntnis, mich für einen klinischen Entzug anzumelden. Eine gemeinsame Zukunft, gab ich ihm zu verstehen, sei für mich nur dann denkbar, wenn er sich ebenfalls dazu durchringen könne, einen Schlußstrich unter seine Drogen-Vergangenheit zu ziehen. Als Konsequenz daraus bliebe auch ihm nur der totale Entzug.

Um meine Entschlossenheit zu unterstreichen, weigerte ich mich an diesem Abend nicht nur gegen den von ihm geforderten gemeinsamen Schuß, sondern lehnte auch seinen Wunsch ab, mit mir zu schlafen.
Am Tag darauf wiederholte sich die gleiche, endlose Diskussion. Wir hatten beide zuviel getrunken. Die Auseinandersetzung endete einmal mehr in gegenseitigen Vorwürfen und einem ausweglosen Streit. Als ich mich erneut weigerte, ihn mit auf mein Zimmer zu nehmen, verließ mich Stefan mitten in der Nacht. Ich sah ihn erst in Zürich wieder.»

Der letzte Versuch

Nach ihrer Rückkehr in die Schweiz meldete sich Bea im Juli im Universitätsspital zu einem klinischen Entzug. «Entgegen meinen Befürchtungen mußte ich überhaupt nicht leiden. Während einer Woche war ich unter der Wirkung von Medikamenten völlig weg. Danach ging es langsam aufwärts. Die mit großer Angst erwarteten Entzugserscheinungen blieben zu meinem Erstaunen weg. Nach drei Wochen wurde ich entlassen. Ich war clean und bin es bis heute geblieben.
Da ich während meines ganzen Spitalaufenthalts Besuchsverbot hatte, telefonierte mir Stefan einige Male. Ich versuchte, ihn ebenfalls von einem klinischen Entzug zu überzeugen und schilderte ihm meine Erfahrungen. Doch es gelang mir nicht, ihm seinen Horror vor dem Turkey zu nehmen.
‹Ich habe es bereits versucht›, sagte er. ‹Albert hat mich in die psychiatrische Klinik Burghölzli gebracht. Zwei Tage später bin ich abgehauen. Ich hielt es einfach nicht mehr aus.›
Nach meinem Entzug nahm ich in Meilen eine Halbtagsstelle an. In der Nähe meines neuen Arbeitsplatzes fand ich eine Einzimmerwohnung. Stefan telefonierte mir fast jeden Abend. Meine Bitte, nicht bei mir vorbeizukommen, respektierte er. Spätestens seit England wußte er, was auf dem Spiel stand.
Unsere Telefongespräche drehten sich immer um das gleiche Thema: Stefans Entzug. Er tat mir zwar unheimlich leid, aber mein Entschluß stand fest: Eine gemeinsame Zukunft stand nur zur Diskussion, wenn er ebenfalls von den Drogen loskommen würde.
‹Solange du keinen ernsthaften Versuch unternimmst›, sagte ich ihm stets, ‹will ich dich nicht mehr sehen.›
Irgendwann im Dezember 1978 führten wir am Telefon unser letztes Gespräch. Stefan ließ mich wissen, daß er in ein neues

Strafverfahren verwickelt sei. Man habe ihn vor einem Monat bei einem Heroindeal festgenommen. Er befürchtete, nun die achtzehn Monate Gefängnis, die er 1977 bedingt erhalten hatte, absitzen zu müssen. Indem er sich zu einem Entzug entschlossen habe, meinte er, sehe er jedoch eine Möglichkeit, die Strafe zu umgehen. Alles sei schon organisiert. Am 3. Januar 1979 könne er auf Veranlassung von Professor Ambros Uchtenhagen, dem Leiter des Zürcher Drop-In, in der Embracher Klinik Hard zum körperlichen Entzug eintreten. Danach werde er für eine Therapie in der neuen Klinik Sonnenbühl in Brütten, die dem Drop-In angeschlossen sei, aufgenommen.

‹Jetzt wird alles gut›, sagte Stefan selbstsicher. ‹Du wirst sehen, ich schaffe es.›

‹Ich hoffe es für dich und für uns›, sagte ich. ‹Bitte, halte durch. Ich wünsche dir viel Glück.›

Da ich einen dicken Schlußstrich unter meine Vergangenheit gesetzt hatte und zukünftig jeden Kontakt mit ehemaligen Bekannten aus dem Drogenmilieu vermied, wollte ich auch mit Stefans Eltern keine Verbindung aufnehmen. Bis zum 15. Mai 1979 hörte ich deshalb nie mehr etwas von ihnen.

An jenem Dienstag im Mai war ich bei meiner Mutter, die inzwischen von Awyl nach Zürich gezogen war, zu Besuch. Kurz vor Mittag läutete das Telefon. Meine Mutter nahm den Hörer ab. Ich hörte, wie sie ‹nein› sagte und ‹das tut mir leid›. Dann hängte sie den Hörer wieder ein. Ich fragte, wer angerufen habe. Sie zögerte. Als ich zum zweiten Mal fragte, wer denn soeben angerufen habe, antwortete sie: ‹Stefans Vater hat nach dir gefragt. Stefan ist gestern gestorben. Bitte, Bea, geh nicht hin.›

Ich blieb bei meiner Mutter. Das war das Ende.»

Endstation

Nachdem Stefan während drei Tagen unentschuldigt der Arbeit ferngeblieben war, wurde er am 30. September 1978 vom Besitzer der Schlosserei Rennhard in Zürich fristlos entlassen. Danach ging er keiner geregelten Arbeit mehr nach.
«Er war nur noch ein Schatten seiner selbst», erinnert sich Albert Amann. «Die Drogen hatten seinen Körper ruiniert. Sogar die Haare und Zähne begannen ihm auszufallen. Wir rechneten fast jeden Tag damit, daß er an einer Überdosis sterben könnte.
In jenen Wochen wartete ich jede Nacht, bis er nach Hause kam. Vorher konnte ich nicht einschlafen. Geld konnte ich ihm keines mehr geben; ich war am Nullpunkt angelangt, hatte mein Konto längst überzogen. Instinktiv befürchtete ich, daß etwas passieren würde.
Meinem Vorgesetzten im Geschäft, Erwin Landolt, blieb es natürlich nicht verborgen, daß mich schon seit langem große Sorgen bedrückten. Schon verschiedentlich hatte er mich gefragt, ob ich Probleme habe und ob er mir helfen könne. Doch ich wich immer aus. Als er mich jedoch Mitte Oktober 1978 in sein Büro rief und mich ruhig und sachlich nach den Gründen meiner Verzweiflung fragte, war ich richtig dankbar, mich endlich einmal aussprechen zu können. So, als ob ich eine mir unbekannte Person sprechen hörte, sprudelte der ganze Inhalt der vergangenen Jahre aus mir heraus.
Ich weiß nicht mehr, wie lange ich gesprochen hatte, als mich Erwin Landolt, der verständnisvoll zugehört hatte, unterbrach:
‹Vielleicht kann ich Ihnen helfen›, sagte er. ‹Sie wissen, meine Frau ist praktizierende Ärztin. Wenn Sie damit einverstanden sind, werde ich mich mit ihr über Stefan unterhalten. Ich bin überzeugt, daß sich eine Lösung finden läßt.›

Bereits am nächsten Tag wurde ich mit Stefan von Hedwig Landolt in ihrer Praxis empfangen. Nach einem längeren Gespräch, in dem sie Stefan über die Möglichkeiten einer Methadon-Kur informierte, empfahl sie, uns mit dem bekannten Zürcher Drogenspezialisten, Professor Ambros Uchtenhagen, in Verbindung zu setzen. Sie erklärte sich bereit, einen Termin zu arrangieren.

Auch die Aussprache mit Professor Uchtenhagen verlief äußerst hoffnungsvoll. Seine Bereitschaft, Stefan zu helfen, stand außer Zweifel. Zum ersten Mal hatte ich das sichere Gefühl, am Ende dieses schrecklichen Weges angelangt zu sein. Ich war unendlich erleichtert und dankbar zugleich, zumal auch Stefan großes Vertrauen in Professor Uchtenhagen hatte. Er konnte sich mit ihm wie mit einem Kollegen unterhalten, der seine Sprache verstand.

Der Erfolg einer Entziehungskur, legte Professor Uchtenhagen Stefan eindringlich nahe, hänge nicht zuletzt von der Ernsthaftigkeit seines Entschlusses und damit von seinem Durchhaltewillen ab. Sofern Stefan davon überzeugt sei, werde er sich für einen Platz in der neuen Therapie-Klinik Sonnenbühl in Brütten einsetzen. Da diese Klinik Anfang Januar 1979 die ersten Patienten aufnehme, riet er Stefan, umgehend ein Aufnahmegesuch zu schreiben. Für den vorhergehenden körperlichen Entzug schlug Professor Uchtenhagen die Klinik Hard in Embrach vor. Bis zu Stefans möglichem Eintritt wurde zwischen Professor Uchtenhagen und Dr. Hedwig Landolt eine Methadon-Behandlung vereinbart.

Am 30. Oktober 1978 richtete Stefan ein Aufnahmegesuch an die Leitung der Klinik Sonnenbühl in Brütten:

Sehr geehrte Herren,
vom Zürcher Drop-In wurde mir geraten, mich auf diesem Wege um die Aufnahme für einen längeren Entzug zu bewerben.

Ich wurde am 31. Januar 1954 als zweites Kind meiner Eltern in Zürich geboren. Zur Zeit lebe ich bei meinen Eltern in Awyl. Nach sechs Jahren Primarschule absolvierte ich drei Jahre die Realschule und anschließend ein Jahr Berufswahlschule. Danach begann ich eine Maurerlehre, die ich nach rund einem Jahr abbrach. Später versuchte ich, als Tapezierer und Plattenleger eine Lehre zu absolvieren. Leider wurden auch diese beiden Lehren frühzeitig abgebrochen.

Meinen ersten Kontakt zu Drogen hatte ich mit 14 Jahren. Ich begann mit Haschisch und LSD. Seit einigen Jahren bin ich auf Heroin. 1976 und 1977 betrieb ich einen Haschisch-Handel, bei dem ich erwischt und zu 18 Monaten Gefängnis bedingt (vier Jahre Bewährung) verurteilt worden bin. Da ich für ein anderes Drogendelikt (Hasch) bereits 1975 30 Tage bedingt erhalten habe, mußte ich diese Strafe im Januar dieses Jahres absitzen.

Da ich mich nicht fähig fühle, allein vom Heroin wegzukommen, mit meinem jetzigen Leben aber endgültig aufhören möchte, habe ich mich für eine Entziehungskur entschlossen. Ich bitte Sie daher höflich um Aufnahme in Ihre Klinik. Ich danke für Ihr Verständnis und erwarte dringend Ihren Entscheid.

Mit freundlichen Grüßen
Stefan Amann

Die zweite Verhaftung

Am Sonntag, dem 5. November 1978, um 15 Uhr 30, patrouillierten Wachtmeister Gottfried Blank und Viktor Haltiner von der Zürcher Stadtpolizei mit ihrem Streifenwagen «Limmat 69» entlang der Ausstellungsstraße im Zürcher Stadtkreis 5. Bei der öffentlichen Toilette auf der Höhe der Straßennummer 60 beobachteten sie, wie vier junge Personen nacheinander das Pissoir verließen. Eine an Ort und Stelle durchgeführte Effektenkontrolle ergab, daß die jungen Leute Fixerutensilien mit sich führten. Sie waren geständig, kurz zuvor in der Toilette Heroin gespritzt zu haben. Unter den Betroffenen befand sich auch Stefan Amann. Zusammen mit den anderen Beteiligten wurde er unverzüglich in Polizeihaft genommen.
Im Vernehmungsprotokoll der Stadtpolizei wurde der folgende Sachverhalt notiert:
«Robert Küng, Astrid Delago, Hermann Stucki und Stefan Amann haben sich an diesem Sonntagnachmittag auf dem Hirschenplatz in Zürich getroffen. Das Quartett kam überein, das kurz zuvor im Drogenmilieu gekaufte Heroin in der öffentlichen Toilette an der Ausstellungsstraße zu spritzen. Die etwas abgelegene Toilette wurde gewählt, weil dort eine zufällige Kontrolle durch die Polizei weniger zu erwarten war.
Wegen Zuwiderhandlung gegen das Betäubungsmittelgesetz ist Stefan Amann aus früheren Ermittlungsverfahren der Polizei bestens bekannt. Letztmals wurde er 1977 bei der Bezirksanwaltschaft diesbezüglich zur Anzeige gebracht. Stefan Amann erklärte, daß er beim Drop-In bei Professor Uchtenhagen in Behandlung sei und demnächst für einen Entzug in die Drogenklinik Sonnenbühl eintreten werde. Zur Zeit stehe er bei Frau Dr. Hedwig Landolt in einer Methadon-Behandlung.
Stefan Amann gibt an, daß er bis zum 30. September als Hilfsarbeiter in der Schlosserei Rennhard gearbeitet habe.

Seinen Lohn von 2500 Franken habe er jeden Monat vollständig für den Kauf von Heroin ausgegeben.»

Nachdem Stefan bei den weiteren Verhören zahlreiche Heroindelikte, in die er während der vergangenen Monate verwickelt gewesen war, eingestanden hatte, eröffnete die Bezirksanwaltschaft Zürich Anfang Dezember ein neues Strafverfahren gegen ihn. Durch Stefans Aussagen wurden einige Drogenabhängige aus der Zürcher Szene schwer belastet.
Am 7. November 1978 wurde Stefan aus der Untersuchungshaft entlassen. Einen Tag darauf erhielt er von der Leitung der Klinik Sonnenbühl das Antwortschreiben auf sein Aufnahmegesuch:

Lieber Stefan,
wir haben Deinen Brief vom 30. Oktober 1978 erhalten. Dein Aufnahmegesuch hat uns beeindruckt und es würde uns freuen, wenn die Sache klappt. Nun sieht es zeitlich aber folgendermaßen aus: Wenn nichts mehr schiefläuft, können wir Anfang Januar 1979 eröffnen. Wir nehmen in der Startgruppe nur sechs Leute auf – Du stehst auf Platz 7 –, d.h. es muß einer ausfallen, damit Du nachrücken kannst. Wieweit Du mit einem solchen Ausfall rechnen kannst, wissen wir nicht, meinen aber, daß in der Zeit zwischen Anmeldung und Eintritt noch sehr vieles passieren kann. Wir möchten deshalb, daß Du als 1. Ersatzmann bereits mit dem Startgrüppchen zusammen das ordentliche Aufnahmeverfahren durchläufst. Was Deinen körperlichen Entzug betrifft, empfehlen wir Dir, Dich ans Drop-In zu wenden. Der Eintritt bei uns kann erst nach dem körperlichen Entzug erfolgen. Alles klar? Du wirst von uns hören.
Herzlich
Kurt Tischhauser, Klinikleitung

Mit Schreiben vom 19. Dezember 1978 erhielten Albert und Inge Amann die Mitteilung, daß Stefan auf den 8. Januar 1979 definitiv in die Klinik Sonnenbühl aufgenommen werde. Am 3. Januar trat Stefan für den körperlichen Entzug in die Klinik Hard ein.

«Stefans körperlicher Entzug», erinnert sich Dr. Beat Fleischmann, «bot keine großen Probleme. Er war ein recht umgänglicher und kooperativer Patient. Bezüglich seiner Verlegung in die Klinik Sonnenbühl am 8. Januar bestanden unsererseits keine Bedenken.»

Fast auf den Tag genau einen Monat später, am 7. Februar 1979, wurde Stefan aus der Klinik gewiesen.

«Es blieb uns gar keine andere Wahl», erinnert sich Klinikleiter Kurt Tischhauser. «Wir merkten bald, daß Stefan seinen Aufenthalt bei uns nur als Alibi gegenüber der Bezirksanwaltschaft betrachtete. Er glaubte wohl, damit einer erneuten Verurteilung, die diesmal mit Sicherheit eine unbedingte Gefängnisstrafe nach sich gezogen hätte, entgehen zu können. Vom ersten Tag seiner Einweisung an zeigte sich Stefan als uneinsichtig. Es war mir ein Rätsel, wie er in der Klinik Hard bereits nach fünf Tagen als geheilt hatte entlassen werden können. Denn schon nach dem ersten Gruppengespräch war offensichtlich, daß er noch immer heroinsüchtig war. Unsere Vermutungen bestätigten sich schneller, als wir befürchtet hatten. Bereits nach einer Woche riß Stefan zum ersten Mal aus. Zwei Tage später kam er, noch unter Heroineinfluß stehend, zurück. Wir gaben ihm nochmals eine Chance. Zuerst sah es so aus, als ob er sich zusammenreißen würde, doch unsere Hoffnungen waren umsonst. Nachdem er die Klinik zum vierten Mal unerlaubt verlassen hatte und in der Zürcher Drogenszene gesehen wurde, mußten wir ihn mit sofortiger Wirkung ausweisen.»

«Von Stefans Ausweisung», erinnert sich Albert Amann, «erfuhr ich erst am 8. März. Wo er sich bis zu diesem Zeit-

punkt aufgehalten hat, haben wir nie erfahren. An diesem Tag wurde uns ein Schreiben der Polizeidirektion zugestellt, das an Stefan adressiert war. In der Annahme, es würde sich um eine Vorladung für ihn handeln, öffnete ich den Brief. Er enthielt die Mitteilung, daß Stefan ‹vorsorglich und auf unbefristete Zeit› der Führerausweis entzogen werde und eine amtsärztliche Untersuchung angeordnet sei. Als ich mich deswegen mit Stefan in Verbindung setzen wollte, erfuhr ich von der Klinikleitung, was vorgefallen war. Für Inge und mich brach eine Welt zusammen.
Inge war mit ihren Nerven dermaßen am Ende, daß ich ihr vorschlug, zusammen mit Erika und einer Freundin ein paar Wochen Ferien zu nehmen. Sie entschlossen sich, Anfang Mai an einer Charterreise nach Mexiko teilzunehmen.
Endlich, am 10. März, telefonierte mir Stefan ins Geschäft. Wir vereinbarten, uns am Abend im Restaurant ‹Central› zu treffen.
‹Ich werde den Entzug auf eigene Faust versuchen›, erklärte er mir. Ich glaubte ihm kein Wort, vermied es aber, ihm wegen seines Verhaltens in der Klinik Sonnenbühl Vorwürfe zu machen. Auf meine Frage, wie er sich die weitere Zukunft vorstelle, sagte er: ‹Ich habe Fredy Baumann wieder getroffen. Er lebt in einer Wohngemeinschaft in Mettmenstetten. Du weißt, Fredy ist schon lange clean. Ich wohne übrigens bereits bei ihm. Alle dort werden mir helfen. Bitte, glaube mir, diesmal werde ich es schaffen. Ich möchte auch wieder arbeiten. Vielleicht kannst du mir dabei helfen?›
Über eine Bekannte gelang es mir, Stefan im Hotel ‹Ascot› am Tessinerplatz eine Stelle als Küchenbursche zu vermitteln. In der Folge trafen wir uns dort ab und zu nach Feierabend. Die Vorgesetzten äußerten sich über seine Arbeit zufrieden. Ende April 1979 hatte ich sogar den Eindruck, Stefan würde sich tatsächlich im letzten Augenblick auffangen. Am Sonntag, dem 13. Mai, telefonierte uns Stefan nach Hause. Er wollte sich von seiner Mutter, die am nächsten

Tag in die Ferien reiste, verabschieden. Wie immer erkundigte er sich auch nach seinem Hund. Dascha lebte schon seit einigen Monaten bei uns.
‹Morgen nachmittag habe ich frei›, ließ mich Stefan wissen. ‹Wenn du willst, können wir zusammen mit Dascha spazierengehen. Und was meinst du, wenn ich am Abend wieder einmal etwas für uns zwei kochen würde?›
‹Also gut›, willigte ich ein. ‹Ich hole dich gegen 14 Uhr im ‹Ascot› ab.›
Um Inge, Erika und ihre Freundin auf den Flughafen zu fahren, machte ich am Montag, dem 14. Mai, bereits um 11 Uhr Feierabend.»

Stefans Tod

Stefan wartete bereits in der Restaurant-Bar, als Albert Amann am Nachmittag des 14. Mai 1979, kurz vor 14 Uhr 30, hinter dem Hotel ‹Ascot› seinen Wagen parkte. Dascha begrüßte Stefan stürmisch und sprang an ihm hoch. Er hatte seinen Hund seit Wochen nicht mehr gesehen.

«Hast du schon bezahlt?» wollte Albert Amann von seinem Sohn wissen. «Oder wollen wir zusammen noch ein Bier trinken?»

«Ich bin für ein Bier», sagte Stefan, kraulte die winselnde Dascha am Hals und gab der Barmaid die Bestellung auf.

«Komm, setz dich hin, Albert. Wie geht's Mami? Ist sie abgeflogen?»

«Ja. Sie läßt dich grüßen. Du weißt, sie macht sich große Sorgen um dich. Ich übrigens auch.»

Stefan und sein Vater sprachen über eine Stunde zusammen. Kurz vor 16 Uhr sagte Stefan: «Übrigens: Ich habe im Niederdorf noch etwas zu erledigen. Kannst du mich bitte bis zum Bellevue fahren? Gegen sechs Uhr bin ich spätestens zu Hause. Du kannst uns ja in der Zwischenzeit etwas zum Abendessen einkaufen. Wenn du willst, werde ich für uns kochen. Wie wär's mit zwei Entrecôtes und einer Flasche Wein? So wie zu alten Zeiten?»

«Einverstanden», sagte Albert Amann. «Aber nur, wenn du über Nacht zu Hause bleibst.»

«Klar», erwiderte Stefan. «Ich habe Fredy bereits gesagt, daß ich heute bei dir übernachte. Ich fahre morgen früh mit dir zur Arbeit. Es ist ja für dich kein großer Umweg, oder?»

«Also, dann gehen wir.»

«Ich hätte eine große Bitte», sagte Stefan, als sie zusammen den General-Guisan-Quai entlang fuhren.

«Und die wäre?»

«Kannst du mir 300 Franken leihen? Nur bis heute abend. Ich gebe dir das Geld hundertprozentig wieder zurück.»

«Für Heroin?»
«Nein. Ich muß eine alte Schuld begleichen. Du weißt ja, wie die Typen sind. Wenn ich nicht zahle, schlägt man mich zusammen.»
«Ist das der Grund, weshalb du noch ins Niederdorf willst?»
«Ja. Aber bitte, glaube mir, ich kaufe kein Heroin. Diesmal nicht. Es sind wirklich Schulden, verstehst du?»
«Wie soll ich dir glauben? Du enttäuschst mich ja am laufenden Band.»
«Ich lasse dich ganz bestimmt nicht hängen. Bitte, ich brauche das Geld dringend. Auch wenn es nur die Hälfte ist.»
Einmal mehr ließ sich Albert Amann überreden. Er händigte Stefan drei Hundertfrankenscheine aus.
Vor dem Bellevue-Platz schaltete die Verkehrsampel auf Rot.
«Also dann, bis nachher», sagte Stefan. «Leg alles bereit. Ich werde für uns kochen. Spätestens um sechs Uhr bin ich zu Hause. Und vergiß den Wein nicht.»
Stefan stieg aus, drehte sich noch einmal zurück und winkte seinem Vater zu. Die automatische Uhr am Armaturenbrett zeigte 16 Uhr 15 an.
Gedankenversunken reihte sich Albert Amann wieder in den Verkehr ein. Unterwegs hielt er nochmals an, kaufte zwei Entrecôtes und eine Flasche Rotwein. Dann fuhr er nach Hause. Das Warten auf Stefan begann.

Schon seit 17 Uhr 30 saß der 17jährige Bäckerlehrling Ruedi Imboden an diesem 14. Mai an der Bar des Restaurants «Shorts of London» am Limmatquai 82. Zu diesem Zeitpunkt war das Lokal nur gut zur Hälfte besetzt. Spätestens um 20 Uhr würde jedoch kaum mehr ein Platz frei sein. Denn dieser typisch englische Pub gehörte in Zürich zu den beliebtesten Treffpunkten junger und alter Jazz-Fans. Jeden Abend spielte hier ab 20 Uhr eine Dixieland-Band. Der Polizei war der Pub allerdings auch aus anderen Gründen bekannt: Wiederholt wurde hier mit harten Drogen gehandelt.

Gegen 18 Uhr 15 suchte Ruedi Imboden die im Untergeschoß befindliche Herrentoilette auf. Kaum hatte er die Tür einen Spalt breit geöffnet, blockierte sie an einem weichen Widerstand. Ruedi Imboden stemmte sich soweit gegen die Tür, bis er die Innenseite des schmalen Toilettenraumes überblicken konnte. Unmittelbar hinter der Türe entdeckte er einen langhaarigen, jungen Mann, der nur mit Jeans und T-Shirt bekleidet regungslos am Boden lag. Der Kopf des Bewußtlosen lag direkt unter dem WC-Papier-Spender. Unter dem Kinn breitete sich eine kleine Blutlache aus. Imboden zog die Tür augenblicklich wieder ins Schloß und rannte die Treppe hinauf ins Restaurant zurück. Dort traf er auf den thailändischen Barman Ravi Sathong.

«Ich glaube, da unten liegt ein Toter», sagte Imboden aufgeregt.

«Was? Wo?»

«In der Toilette. Ich habe ihn gesehen. Er liegt hinter der Tür.»

Sofort informierte Sathong seinen Chef, den 27jährigen Pierre Bruchez. In seiner Begleitung begab sich Sathong zur Toilette ins Untergeschoß.

«Der Mann ist bewußtlos», stellte Bruchez mit einem Blick fest. «Los, Ravi, faß an. Wir tragen ihn in den Abstellraum nebenan.»

Pierre Bruchez hob den Leblosen unter den Armen, Sathong unter den Beinen hoch. Zusammen trugen sie ihn in einen der Toilette gegenüberliegenden Abstellraum. Dort legten sie den jungen Mann seitlich auf den Boden.

Während Sathong vor dem Abstellraum wartete, ging Bruchez ins Restaurant zurück und telefonierte über die Nummer 117 der Stadtpolizei: «Wir haben in unserem Lokal einen bewußtlosen Mann aufgefunden. Möglicherweise ist er tot. Vermutlich ein Fixer.»

Bereits einige Minuten zuvor hatte auch Ruedi Imboden aus dem «Shorts of London» telefoniert. Mit dem Hinweis, er habe in der Herren-Toilette dieses Restaurants soeben einen Toten aufgefunden, meldete er sich beim «Heißen Draht» der Boulevard-Zeitung «Blick». «Ich dachte mir», gab er später der Polizei zu Protokoll, «daß man mit einer solchen Meldung eventuell etwas herausholen könnte. Leserhinweise werden nämlich honoriert.»

Der Anruf von Pierre Bruchez ging um 18 Uhr 20 bei der Telefonzentrale der Stadtpolizei ein. Bereits fünfzehn Minuten später trafen sechs Beamte der Betäubungsmittelgruppe sowie eine sofort avisierte Ärztin des Gerichtsmedizinischen Institutes im «Shorts of London» ein. Die untersuchende Ärztin, Verena Schnyder, konnte nur noch den Tod des jungen Mannes feststellen.

Noch am Sterbeort nahm Dr. Verena Schnyder eine erste Leichenschau vor. An der rechten Augenbraue wies der Verstorbene eine kleine Wunde auf, die vermutlich vom Sturz in der Toilette herrührte. Auf der Innenseite der linken Armbeuge konnten mehrere Einstichstellen festgestellt werden. Um 20 Uhr 15 wurde die Leiche des jungen Mannes durch die Sanität ins Gerichtsmedizinische Institut überführt.

Die mit der Spurensicherung beauftragten Beamten fanden hinter der Eingangstüre zur Herrentoilette ein zusammengefaltetes gelbes Papier, in dem sich ein weißes Pulver befand. Im Abstellraum stellten sie ein angebrauchtes Paket Dunhill-Zigaretten, eine Bleistifthülse, Zigarettenpapier sowie einen angeschwärzten Teelöffel sicher. Diese Gegenstände waren von Bruchez und Sathong in der Toilette gefunden und zusammen mit der Leiche in den Abstellraum gebracht worden. Eine Spritze, so gaben die beiden zu Protokoll, hätten sie in der Toilette nicht gefunden. Im übrigen sei ihnen der aufgefundene Tote unbekannt. Er habe auch nicht zu den Gästen des «Shorts of London» gehört.

Da der Verstorbene keinerlei Ausweispapiere auf sich trug, konnte seine Identität zunächst nicht ermittelt werden. Im Gerichtsmedizinischen Institut wurden in den Socken Wäschezeichen mit dem Namen St. Amann gefunden. Eine

Überprüfung der Fixer im Polizeirevier ergab, daß ein Mann dieses Namens aktenkundig war. Aufgrund der erkennungsdienstlichen Polizeifotos konnte schließlich am frühen Morgen des 15. Mai die Identität des Stefan Amann zweifelsfrei ermittelt werden.

Im Verlaufe der nächsten dreißig Tage gingen bei Albert Amann noch laufend Rechnungen ein, die er nachträglich für seinen verstorbenen Sohn zu bezahlen hatte: Die Methadon-Behandlung, die Aufenthalte in den Kliniken Hard und Sonnenbühl; Zahnarzt- und Anwaltskosten; Gerichtsgebühren, Nachzahlungen für Militärpflichtersatz und Steuern; Versicherungsprämien, Bußen für Schwarzfahrten im Tram; Nachlaßgebühren des Bezirksgerichts Zürich und schließlich die Bestattungskosten.
Am 27. Juni 1979 traf von der Gemeindekasse Awyl die letzte Rechnung ein. Für «Mehrkosten des Sarges Nr. 4, Leichenkleid und Sargkissen, Benützung der Friedhofskapelle und das Orgelspiel» wurden Inge und Albert Amann 288 Franken in Rechnung gestellt.
In der Zeit von 1972 bis zu Stefans Tod hat Albert Amann über 150 000 Franken für die tödliche Sucht seines Sohnes ausgegeben.

Lange nach Stefans Beerdigung wurden Inge und Albert Amann von Amtes wegen wieder an die schreckliche Vergangenheit erinnert. An ihre Adresse in Awyl gerichtet, wurde Stefan Ende Juli 1979 eine «Vorladung in Strafsachen» zugestellt:
«Sie werden hiermit aufgefordert, am Freitag, den 17. August 1979, 8.00 Uhr, im Zimmer Nr. 281 der Bezirksanwaltschaft Zürich, Stauffacherstraße 55, Bezirksgebäude, zu erscheinen, um in Sachen Zuwiderhandlung gegen das Betäubungsmittelgesetz einvernommen zu werden.»
Albert Amann legte die Vorladung unbeantwortet zu Stefans Akten.

Am 21. August 1979 wieherte dann der Amtsschimmel zum letzten Mal. In einer schriftlichen «Verfügung» wurde den Eltern mitgeteilt:
«Nachdem der Angeschuldigte zur untersuchungsrichterlichen Einvernahme auf den 17. August 1979, 8.00 Uhr vorgeladen war, ergaben Nachforschungen über seinen Verbleib, daß er schon am 14. Mai 1979, zwischen 15.30 und 18.15 Uhr verstorben war.»
Das, allerdings, wußten Inge und Albert Amann schon seit mehr als drei Monaten.

Nachwort

Es gibt keinen Zweifel darüber, daß Stefan an den Folgen einer Überdosis Opiate gestorben ist. Die genauen Umstände seines Todes sind indessen ebenso ungeklärt geblieben wie die Beschaffenheit des Rauschgiftes, das sein junges Leben beendet hat. Niemand weiß, wo und wie Stefan die tödliche letzte Droge zu sich genommen hat.
Der Arzt Dr. A. Pasi, Privatdozent am Gerichtsmedizinischen Institut der Universität Zürich, der die Obduktion an Stefans Leiche vorgenommen hat, schrieb in seinem Abschlußgutachten:

«Es ist möglich, daß er sich Opiate gespritzt hat, denn es wurden Erstickungsblutungen sowohl an den Augenbindehäuten wie unter dem Lungenfell gefunden. Andererseits konnte das für einen Herointod typische Lungenödem (Flüssigkeitsansammlungen in den Lungen) mit Schaumpilz nicht gefunden werden. Möglicherweise handelt es sich beim gespritzten Drogengemisch um ein solches, was kein oder nur wenig Heroin enthält.
Wir dürfen annehmen, daß Stefan Amann vor seinem Tode Drogen gespritzt hat. Dabei wurde er wahrscheinlich rasch bewußtlos, und es ist anzunehmen, daß er sich, bei einem entsprechenden Sturz in der Toilette, an der Stirn verletzt hat. Bei der Autopsie und der mikroskopischen Untersuchung konnten Befunde und Erkrankungen festgestellt werden, wie sie häufig bei Fixerinnen und Fixern gefunden werden. Die Autopsie erlaubte jedoch nicht, die Natur der vermutlich injizierten Droge zu identifizieren. Eine derartige Identifizierung kann nur aufgrund von chemisch-toxikologischen Untersuchungen geschehen.»

Dr. A. Pasi war an einer solchen Untersuchung äußerst interessiert. Er wollte eigentlich gerne herausfinden, an was für einer Droge Stefan gestorben war. Am 12. September 1979 ersuchte er deshalb die Bezirksanwaltschaft Zürich um schriftliche Mitteilung, ob auf die Erstellung einer zusätzlichen chemisch-toxikologischen Untersuchung tatsächlich verzichtet werden wollte.

Am 13. September 1979 erhielt Pasi von der Bezirksanwaltschaft Zürich den schriftlichen Entscheid, «dass unseres Erachtens auf ein solches Gutachten verzichtet werden kann».

Eine Spritze, die Stefan für die tödliche Injektion gebraucht hätte, ist weder in der Toilette des Restaurants «Shorts of London» noch im gegenüberliegenden Abstellraum gefunden worden. Das läßt die Vermutung zu, daß sich Stefan den letzten Schuß außerhalb des Restaurants gesetzt hat. Geht man von dieser These aus, könnte es im Bereich des Denkbaren liegen, daß es Stefan unmittelbar nach der Injektion übel wurde und er deshalb die nächstliegende Toilette aufgesucht hat. Für diese Hypothese spricht auch der Umstand, daß Stefan weder vom Geschäftsführer Pierre Bruchez noch vom Barmann Sathong im Restaurant gesehen worden ist. Die Toilette im «Shorts of London» konnte durch den Hintereingang des Restaurants tatsächlich unbemerkt vom Personal betreten werden.

Im Verlaufe meiner Recherchen über die letzten Stunden im Leben von Stefan Amann bin ich bezüglich der Zeugenaussagen in den Akten der Stadtpolizei Zürich auf einige Widersprüche gestossen. So hat beispielsweise der Geschäftsführer Pierre Bruchez in seiner ersten Einvernahme bei der Polizei ausgesagt, daß die Türe zur Herrentoilette bei seinem Eintreffen verschlossen gewesen sei, und er diese mit einem Vierkantschlüssel habe öffnen müssen.

Dieser Behauptung stehen die Aussagen von Ruedi Imboden und Barmann Sathong gegenüber, wonach die Toilettentür unverschlossen war.

Auch Ruedi Imboden, der Stefans Leiche als erster bemerkte, hat bei der Polizei fragwürdige Aussagen gemacht. So gab er die Behauptung zur Protokoll, er sei nicht als Gast im Restaurant «Shorts of London» gewesen, sondern habe dort nur die Toilette aufgesucht. Dem gegenüber erklärte Barmann Sathong der Polizei: «Ich habe Imboden selbst bedient. Er befand sich schon eine gute Stunde im Lokal und hat Bier getrunken. Nachdem er mich über den Bewußtlosen in der Toilette informierte, bezahlte er an der Bar sein Bier und verließ den Pub.»

Sowohl Bruchez wie Sathong beteuerten in ihren Einvernahmen, sie hätten den ihnen unbekannten Stefan Amann zuvor noch nie in ihrem Restaurant gesehen. Auch diese Aussagen sind fragwürdig. Übereinstimmend versicherten mir nämlich Fredy Baumann und einige andere Freunde von Stefan, dieser habe im «Shorts of London» zu den Stammgästen gezählt. «Eine gegenteilige Aussage», meinte Fredy Baumann, «läßt sich nur damit erklären, dass die Restaurant-Betreiber mit der Polizei keinen weiteren Ärger haben wollten, schon allein deswegen, weil es sich um einen Drogentod gehandelt hat.»

Fest steht, daß Stefan am letzten Tag seines Lebens zwischen 16 und 18 Uhr irgendwo im Zürcher Niederdorf jener Person begegnet ist, die ihm den tödlichen Stoff verkauft hat. Da er bei der Auffindung seiner Leiche kein Geld mehr auf sich trug, muß er für diesen Stoff die gesamten 300 Franken ausgegeben haben, die er kurz zuvor von seinem Vater erhalten hatte. Auch dieser Umstand spricht sehr dafür, daß Stefan an diesem späten Nachmittag nicht als Gast im «Shorts of London» gewesen ist. Er hätte nämlich nicht einmal mehr ein Getränk bezahlen können.

Daß sich Stefan außerhalb einer Lokalität, also in aller Öffentlichkeit, einen Schuß gesetzt hat, ist für Fredy Baumann, Bea Barbey und einige andere, die ihn und seine Gewohnheiten gut gekannt haben, praktisch undenkbar. Sie vermuten vielmehr, daß Stefan die tödliche Droge unmittelbar nach dem Kauf geschnupft hat und es ihm danach so übel wurde, daß er die Pub-Toilette aufgesucht hat.

Das Restaurant «Shorts of London» (das heute einen anderen Namen trägt) liegt übrigens nur einen Steinwurf vom Hirschenplatz entfernt. Dort hatte Stefan Amann praktisch alle seine Heroin-Deals getätigt. Wahrscheinlich auch seinen letzten.

Peter Holenstein

Drogenberatungsstellen

Ort/PLZ	Name und Adresse	Telefon
Aarau 5000	Regionaler Jugendberatungsdienst Feerstraße 13	062-824 79 88
Baden 5400	Kornhaus-Jugendhaus Kronengasse 10	056-222 85 78
Basel 4057	Beratungs- und Informationsstelle der Basler Freizeitaktion «Kaffi Schlappe» Klybeckstraße 1b	061-681 03 03
Basel 4052	Drop-in Kontakt- und Beratungsstelle Ramsteinerstraße 30	061-312 67 10
Basel 4052	Notschlafstelle des Jugendamtes Mühlegraben 3	061-312 18 00
Basel 4051	Drogenberatung des Jugendamtes Leonhardstraße 45	061-271 86 85
Basel 4031	Psychiatrische Polyklinik Petersgraben 4	061-265 50 40
Basel 4051	Work-shop Theaterstraße 33	061-281 86 44
Basel 4004	Fachstelle für Alkohol- und Drogenfragen Schanzenstraße 13	061-322 58 59
Bern 3001	Contact Monbijoustraße 70	031-378 22 22
3011	Anlaufstellen: Nägeligasse 30	031-312 38 54
3008	Murtenstraße 26	031-382 26 60
Bern 3011	JU Jugendberatung Effingerstraße 6	031-633 41 61
Biel 2502	Drop-in Obergässli 15	032-23 61 51
Brig 3900	Jugend-, Familien- und Drogenberatungsstelle Contact Sebastiansgasse 7	028-23 40 26

Ort/PLZ	Name und Adresse	Telefon
Brugg	Siehe Windisch	
Burgdorf 3400	Jugendberatungsstelle Bahnhofstraße 59	034-22 02 01
Burgdorf 3400	Sozialmedizinischer Dienst Bahnhofstraße 18a	034-22 11 75
La Chaux-de-Fonds 2300	Drop-in 22, rue de l'Industrie	039-28 52 42
Dietikon 8953	Drop-in Kirchenplatz	01-741 17 11
Emmenbrücke 6030	Sozialmedizinischer Dienst Bahnhofstraße 8	041-260 67 35
Fribourg 1700	Release Fribourg 5, rue Joseph-Piller	037-22 29 01
Fribourg 1702	Suchtpräventionsstelle Freiburg Postfach 164, Reichengasse 64	037-22 33 10
Gettnau	Siehe Willisau	
Genève 1205	Drop-in 2, rue Verte	022-320 21 50
Genève 1204	Carrefour 10, rue de la Madeleine	022-310 22 75
Grenchen 2540	Jugendberatungszentrum JBZ Centralstraße 80	065-52 53 73
Hochdorf 6280	Sozialdienst Amt Hochdorf Hohenrainstraße 5	041-910 52 52
Königsfelden 5200	Sozialpsychiatrischer Dienst	056-462 21 11
Langnau i.E. 3350	Jugendberatung Oberemmental Güterstraße 1	035-2 42 70
Lausanne 1010	CAP-Contact 18, chemin praz-séchaud	021-653 08 18
Lugano 6900	Servizio medico psicologico Via Simen 10	091-923 76 21

Ort/PLZ	Name und Adresse	Telefon
Martigny 1920	Centre médico-social 18, rue de l'Hôtel de Ville	026-21 26 31
Monthey 1870	Contact 6, avenue France	025-75 78 15
Neuchâtel 2000	Drop-in 11, rue des Chavannes	038-24 60 10
Olten 4600	Regionale Jugendberatung, Jugendamt Hammerallee 19	062-212 65 40
Riehen 4125	Work-shop Rebenstraße 41	061-641 24 88
Sion 1950	Contact rue du sox	027-23 36 37
Solothurn 4500	DOCK, Jugend- und Suchtberatung Sandmattstraße 2	065-22 84 48
St. Gallen 9000	Jugendsekretariat Schwertgasse 14	071-21 56 78
St. Gallen 9000	Drogenbaratungsstelle St. Gallen Rosenheimstraße 2	071-25 05 45
St. Gallen 9000	Med.-soz. Hilfestelle 1 Steinachstraße 43	071-24 72 05
St. Gallen 9000	Med.-soz. Hilfestelle 2 Rorschacherstraße 71	071-24 94 25
Sursee 6120	Sozialdienst Herrenrain 12	041-921 37 93
Thun 3600	Contact Scheibenstraße 3	033-23 23 80
Willisau 6130	Sozialdienst für das Amt Willisau Ettiswilerstraße 5	041-970 25 91
Windisch 5200	Kontakt AVS Zürcherstraße 3	056-44 99 33
Winterthur 8400	Beratungsstelle für Jugendliche Tösstalstraße 19	052-267 59 00
Zug 6300	Jugendberatungsstelle SMD Aegeristraße 56	042-25 39 39

Ort/PLZ	Name und Adresse	Telefon

Zürich	Drop-in Anlaufstellen	
Zürich City	Asylstraße 23	01-252 54 55
Glattal	Bettlistraße 8	01-820 36 36
Zürich-Nord	Winterthurerstraße 501	01-322 41 41
ZH Oberland	Bahnhofstraße 104, 8620 Wetzikon	01-932 68 80
ZH Unterland	Gartematt 1, 8180 Bülach	01-860 80 11
Zürich 8004	Sozialpsychiatrischer Dienst Militärstraße 8	01-242 22 48
Zürich 8005	Jugendberatung der Stadt Zürich Röntgenstraße 44	01-272 73 73
Zürich 8005	Informationsstelle des Zürcher Sozialwesens Gasometerstraße 9	01-272 40 41
Zürich 8032	* Zürcher Arbeitsgemeinschaft für Jugendprobleme Zeltweg 21	01-262 47 48
Zürich 8032	Kontaktstelle «Bund der Taube» und Wohngemeinschaft «Am Schärme» Sempacherstraße 16	01-381 00 55
Zürich 8004	* Gassen-/Straßenarbeit ZAGIP Feldstraße 121	01-252 12 44

* Unterabteilung der ZAGIP

Therapeutische Wohngemeinschaften

Name	Ort	Telefon
Aebi-Hus	2533 Evilard/Leubringen	032-223046
Gemeinschaft Arche	8180 Bülach	01-8601187
Sonnenbühl	8311 Brütten	052-332291
Terra Vecchia	6651 Bordei-Palagnedra	093-831218
Obere Au	4438 Langenbruck	062-601878
Gemeinschaft Schlüssel	3036 Dettlingen	031-8256266
Ulmenhof	8913 Ottenbach	01-7612577
Chratten	4249 Oberbeinwil	061-7910131

Elternvereinigungen drogenabhängiger Jugendlicher

Ort	Telefon
Basel	061-2613486
Bern	031-3718505
Zürich	01-2724585